移动互联网营销
从入门到精通

即学即用的移动
互联网营销指导书

移动互联网营销
从入门到精通

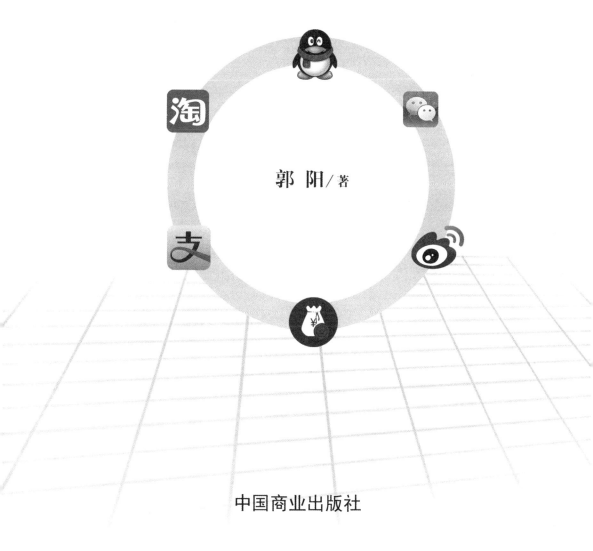

郭 阳/著

中国商业出版社

图书在版编目（CIP）数据

移动互联网营销从入门到精通 / 郭阳著 . — 北京：
中国商业出版社 , 2016.9
ISBN 978-7-5044-9567-9

Ⅰ . ①移… Ⅱ . ①郭… Ⅲ . ①网络营销
Ⅳ . ① F713.36

中国版本图书馆 CIP 数据核字 (2016) 第 215195 号

责任编辑：唐伟荣

中国商业出版社出版发行

010 – 63180647　　www.c – cbook.com

（100053　　北京广安门内报国寺 1 号）

新华书店总店北京发行所经销

北京时捷印刷有限公司印刷

*

710×1000 毫米　　1/16　　19 印张　　250 千字
2016 年 10 月第 1 版　　2016 年 10 月第 1 次印刷

定价：42.80 元

* 　* 　* 　*

（如有印装质量问题可更换）

前言
PREFACE

移动互联网已经全面侵袭到我们的生活中，越来越多的人开始通过手机、PAD等移动终端设备上网娱乐、学习甚至工作。

移动互联网时代的来临，颠覆了商业模式、思维模式、娱乐模式，毫不夸张地说，移动互联网正在改变一切，而且这种改变不可逆转。

移动互联网正以前所未有的速度，席卷着各行各业，如何利用新的营销工具，如何制定有效的营销策略，如何让产品在手机屏幕占据一席之地，如何实现线上和线下的融合，如何让广告宣传裂变式传播，如何和客户紧密黏着，如何将粉丝经济效益最大化……这些都是移动互联网营销需要解决的问题。而破解这些难题也是本书的精髓所在。

本书从实战的视角，全景呈现了移动互联网营销的成功本质。本书详细解读了移动互联网营销的四大营销工具，包括公众账号营销、APP营销、社会化媒体的经营和二维码营销；同时深刻解读了移动互联网三大平台的营销和推广，包括微信、论坛、QQ空间的开发与营销。

本书既讲解了移动互联网营销工具的使用技巧，又包括了"互联网+

营销"的策略和方法，同时对营销细节做了深度分析。

本书共分为10章。第1章系统、详细，多角度、多渠道地阐述了移动互联网营销的概念、特点、模式及核心。第2至10章着重从微信营销、APP营销、二维码营销、百科营销、O2O营销、微博营销、论坛营销、大数据营销和微视频营销9大主流移动互联网营销方式分析了各种方式的优势及运用方法、注意要点和成功案例解析，让读者一本书完全读懂移动互联网营销。

本书在编排上紧密结合移动互联网从入门到精通的先后过程，从准备知识起，逐步带领大家深入学习移动互联网营销的各种技巧，侧重实战，摒弃晦涩难懂的技术理论，配上一目了然的流程图，除适当的关键理论简明扼要地阐述以外，绝大多数内容是基于实际操作指导，让读者读起来简明轻松，操作起来有章可循。

所以，这本书值得你花上一段时间，慢慢地阅读和思考。当然，你也可以一边阅读，一边操作，看看本书对你的移动互联网营销之旅是否真实有效。我相信，本书将会为你开启一段高效移动网络的盈利旅程。

本书以实用的内容、鲜活的案例，为商家提供了节省成本、效果显著的新型营销模式，如果和传统营销模式结合使用，将爆发出惊人的盈利增长。

移动互联网营销，深刻地改变着商家的生存模式，微商如果打赢"互联网+营销"之战，就有机会成为时代的标杆企业；否则，巨无霸也会轰然倒塌。

拥抱移动互联网营销浪潮，你做好准备了吗？

目录
CONTENTS

第 3 章　APP营销与推广：粉丝经济最大化

第 4 章　二维码营销：扫一扫

第 5 章　百科营销：品牌的确立

第 9 章　大数据营销：定位客户

第 10 章　微视频营销：靠内容取胜

第 **1** 章

移动互联网 + 营销改变一切

移动互联网时代的来临，可以说使整个人类世界站在了一个新时代的前沿。移动互联网时代在为人们带来更加便捷、丰富和流畅的信息体验的同时，也加快了人们的工作、生活节奏，并在无形中改变了人们早已习惯了几个世纪的信息获取方式和决策方式。毫不夸张地说，移动互联网正在改变一切，而且这种改变不可逆转。这些改变既增加了互联网营销的难度，也为其带来了前所未有的机遇，下面就跟随移动互联网营销的脚步去了解一下到底什么是移动互联网营销，开启你的移动互联网营销之旅。

什么是移动互联网营销

互联网营销起源于上世纪90年代，随着信息传播方式的变革和计算机技术的日趋成熟，一种新的营销模式随之诞生了，那就是移动互联网营销。

移动互联网营销，也叫移动网络营销，是以互联网为媒体，以新的方式、方法和理念，通过一系列营销策划制定和实施的营销活动。

如今，随着4G时代的到来和智能手机的普及，移动互联网已经成为人们生活中必不可少的元素。同时，利用移动互联网营销也迅速成为新的市场营销途径。

移动互联网营销之所以发展如此迅速，原因在于它与传统营销相比有很大的不同，这两种营销模式的差异主要表现在以下几方面。

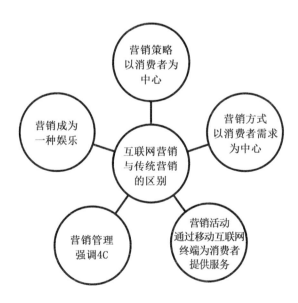

◾ 营销策略以消费者为中心

传统营销策略：重心是围绕产品、价格、渠道、促销组合（4P）开展的，更加注重和强调的是营销者自己的利润，总是想办法让自己的利润可以达到最大化，而不是消费者是否得到了最好的满足，也不是其产品是否符合消费者的需求。

移动互联网营销策略：重心是围绕顾客、成本、便利、沟通（4C）开展的，注重的是消费者，强调以消费者为中心，通过满足消费者需求，为消费者提供优质、便利服务而实现企业价值，最终实现利润。

◾ 营销方式以消费者需求为中心

传统营销方式：是营销者主动向消费者推销，而消费者不管愿不愿意接受这种产品，只能被动接受，这样很容易使顾客与企业之间的关系变得僵化，甚至于给顾客带来很多不便和烦恼。从长远来看，这种营销模式并不利于长期发展。

移动互联网营销方式：是以消费者为中心，更加注重消费者的心理需求，通过分析顾客的喜好、需求，为顾客提供优质产品和服务。而消费者在需求的驱动之下也会主动通过互联网寻求相关产品或服务的信息，从而使营销者与顾客的关系变为真正的合作关系，有利于长期发展。

◾ 营销活动通过移动互联网终端为消费者提供服务

传统营销活动：是营销者直接拿着广告或宣传单，面对面地说服消费者，使顾客被动接受。

移动互联网营销活动：作为一个新的理念和营销方式，具有跨时空、多媒体、交互式、整合式、高效性、经济性和技术性等特点。这种营销方式主要是以互联网为基本平台，通过计算机、手机、电视机等互联网终端为顾客提供服务从而实现营销目的。

■ 营销管理强调4C

传统营销管理强调4P：产品、价格、渠道、促销组合。

移动互联网营销管理强调4C：顾客、成本、便利、沟通。

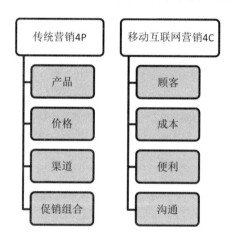

不管是传统营销还是移动互联网营销，都必须遵守一个原则：营销者必须实行全程营销，即必须由产品的设计阶段开始就充分考虑消费者的需求和意愿。

传统营销很难做到这个原则，原因在于，消费者与营销者之间缺乏合适的沟通渠道或沟通成本太高。

而移动互联网营销可以轻轻松松地实现这个需求。即使你是再微小的商家，也可以通过发邮件、QQ、微信、微博等，为消费者即时提供产品和服务，消费者也有更多的机会对产品从设计到定价和服务等一系列环节发表意见和建议。

这种双向互动的沟通方式提高了消费者的参与性与积极性，更重要的是它能使营销者的决策有的放矢，从根本上提高消费者满意度，创造出更加符合消费需求的产品。

■ 营销成为一种娱乐

传统营销体验：在传统的营销中，人们想要购买一件商品，必须亲自去实体店面体验，并且为此耗费半天甚至一天的时间。此外，由于受地点的限制，很多消费者在当地无法购买到最时尚的商品，这就限制了消费者的消费。

移动互联网营销体验：移动互联网营销为人们描绘了一个诱人的场景，它使购物不再是一种劳心费力的过程，甚至有时还是一种休闲、一种娱乐。让我们看一看移动互联网营销是怎样简化购买过程的。

售前	• 互联网空间的开发性与广阔性，商家可以向消费者提供丰富的产品信息及相关资料，甚至是客户对产品的评价等。消费者可以在比较各种同类产品的性能价格以后，做出购买决定。
售中	• 由于互联网营销完全可以在网上操作，而且在这个过程中，消费者完全可以坐在家里逛虚拟的网络商店，然后用电子货币结算等。
售后	• 在使用过程中如发现问题，消费者还可以随时与厂家联系，得到来自卖方的及时的技术支持和服务。

营销提醒

互联网营销能简化购物环节，节省消费者的时间和精力，将购买过程中的麻烦减少到最小。消费者则可在全球范围内寻找最优惠的价格，甚至可绕过中间商直接向生产者订货，因而能以更低的价格实现购买。此外，互联网营销也能为企业节省巨额的促销和流通费用，使降低产品成本和价格成为可能。

移动互联网营销的4大特点

说起移动互联网营销，大多数人都能道出其中的一二。但谈及根本，却又一知半解。在移动互联网营销这个课题面前，我们的未知远远大于已知。

所以，当你从上一节知道什么是移动互联网营销后，接下来就是了解它的特点。只有知道移动互联网营销的4大特点，你才能在营销中找到适合自己的营销方法和策略。

移动互联网营销有4个特点，它们分别是：

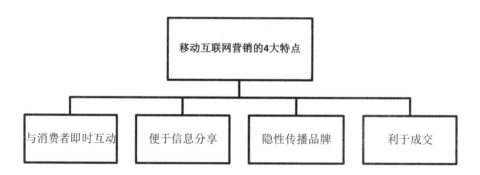

■ 与消费者即时互动

移动互联网营销可以通过QQ、微信等方式与消费者即时互动，这是移动互联网营销最大的特点，也是最重要的特点。越互动客户黏度越大，越互动客户越能跟你分享，营销也就会越成功。

所以，第一个营销特点就是：与消费者即时互动。

■ 便于信息分享

移动互联网本身就是一个便于信息分享的产物，这一点相信大家都能理解。所以营销者要做移动互联网营销，做的文章、做的内容、做的图片、做的活动其目的就是为了便于受众分享，刺激受众分享。分享越多、越主动，营销就会越成功。

所以，第二个营销特点就是：便于信息分享。

■ 隐性传播品牌

不管下载哪个APP或者关注哪个公众账号，都是商家把自己植入客户的手机里。你现在可以打开你的微信看一下，是不是你已关注了很多公众账号？而你在查看公众账号的文章的时候，已不知不觉地记住了企业品牌的名字。

所以，第三个营销特点就是：隐性传播品牌。

■ 利于成交

不管哪种营销方式或策略，最终的目的都是与消费者成交。前面阐述的移动互联网的与消费者即时互动、便于信息分享、主动植入消费者意识，都加快了成交的速度和力度。

在移动互联网时代，成交的本质没有发生任何变化，但是相比传统时期和PC互联网时期，有两个重要的侧重点。

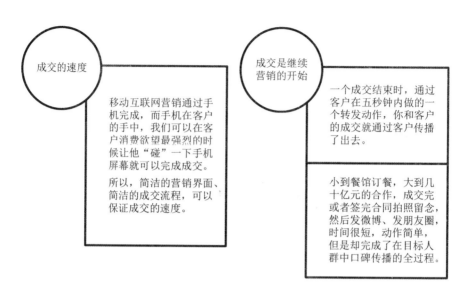

所以，第四个营销特点就是：利于成交。

以上所述移动互联网的4个特点是相辅相成的，也就是说，分享产生互动，互动既可以产生植入也可以直接产生成交；而植入也可以产生成交，成交又会带来二次的分享；同时成交时可以互动，成交也可以产生植入。

营销提醒

纵观移动互联网营销的案例，你会发现，它们都符合这四个特点，也许你做的时候都没有意识到，但是成功一定是符合这四个特点。反过来说，如果你做得不成功，恰恰是因为你的营销设计没有符合这四个特点。

移动互联网营销第一步：营销定位

不管哪种营销方式或策略，首先要做的第一件事和首要步骤就是：营销定位。

营销定位决定着营销策略的方向，定位准确了，方向才会对，最终才能成交。定位不准确，所有的营销都会徒劳无功。定位不仅会影响决策，还会影响成长的速度；定位不准，后面做得再多都是无用功。

那么，移动互联网营销，该如何进行营销定位呢？

移动互联网营销定位，分步进行，如下图所示。

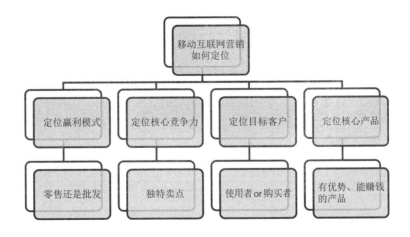

■ 第一步：定位赢利模式——零售还是批发

商家在进行移动互联网营销时，必须明白自己到底是零售，是招商，还是批发? 因为不同的赢利模式, 需要不同的沟通对象。

例如, 零售类网站只针对终端客户, 招商类网站只针对加盟商, 批发类网站只针对批发商, 广告类的信息平台只针对广告商, 会员制的交易平台只针对供应商。

也就是说, 不同的赢利模式有不同的营销对象和不同的营销策略。每一个品类都不能重复和交叉。这一点, 商家在做移动互联网营销时一定要很清晰。

商家在进行营销推广的时候, 可能由于人力、物力和财力都有限, 这时就必须找一个重点作为突破点。以什么为重点, 需要以营销定位为依据。

商家在进行移动互联网营销赢利模式定位的时候, 需要参照以下三大关键因素。

自身资源	市场规模	竞争态势
•考虑自身的资源, 尤其是人力和资金。如果在人力、资金和物力上都没有欠缺, 可以考虑自己开发APP。如果资源不够, 就不要自己做, 而要根据现实情况, 像很多商家那样借力于微信、淘宝等平台。	•必须清楚在互联网上做这个行业有多大的市场空间规模, 这个市场是红海还是蓝海, 面对市场竞争, 我们是否做好了充分准备。	•对于竞争对手的情况, 应该做到了如指掌。

总之, 进行某一种移动互联网赢利模式定位, 必须充分考虑各种因素, 严格进行分析, 绝对不能靠拍脑门作决策, 那样作出来的决策一定是不符合实际的。

■ 第二步：定位核心竞争力——独特卖点

什么是核心竞争力？就是商品本身的独特卖点或市场前景。在移动互联网营销中，该如何定位核心竞争力呢？

通常，对商家的核心竞争力进行定位的主要原则是：优势、劣势、机会和威胁，通过对这四个因素的考量，确定商家的移动互联网营销核心竞争力，从而优化营销方案。

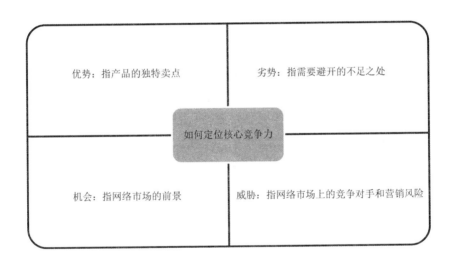

将上图四个因素进行组合，我们可以得出四种营销策略：

◎ 如果我们有优势，也很有前景，就应该实行增长性战略，大力投入；

◎ 如果竞争对手林立，我们也有一定的优势，则可以设计多个产品线，以多元化取胜；

◎ 如果市场前景不错，但我们的劣势比较明显，就应该适时掉头，或者弥补劣势，或者改变策略；

◎ 如果市场竞争激烈，我们又不具备优势，那么不妨放弃，转而选择有把握、有条件进入的市场。

通过分析，商家企业可以定位自己的核心竞争力，从而有利于集中优势兵力，为"以己之强，攻敌之短"打下基础。

在移动互联网营销实战中，懂得定位核心竞争力，可以极大地提高营销成功率。

营销提醒

虽然定位核心竞争力非常重要，但这并不意味定位了核心竞争力，企业就可以高枕无忧了。企业的发展是一个长久、持续的过程，能够取得长期的收益才是最终目标，不应该只看一时一地的成绩。因此，应该在核心竞争力上下更多、更长久的功夫。同时，我们心里也应该清楚，企业的核心竞争力不是一成不变的，根据时间、空间以及大的环境背景的变化，企业的核心竞争力也在不断变化中。

■ 第三步：定位目标客户——使用者 or 购买者

定位好前面的两大步骤后，接下来就是找对人，也就是定位目标客户。

在定位目标客户时，一定要分清使用者与购买者，购买者才是真正的目标客户。如何确定目标客户，有三大标准。

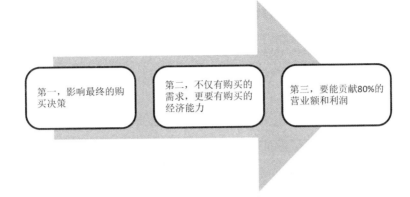

确定了目标客户之后，一定要知道目标客户需要什么样的产品和服务，并将其在营销活动中体现出来。只有这样做了，当客户第一眼看到的时候，才会清楚你是做什么的，你的业务是不是他所需要的。如果这样做了，哪怕产品受众面小，利润却不一定就少。

■ 第四步：定位核心产品——有优势、能赚钱的产品

核心产品就是商家主要的产品，核心产品应该具备以下特质：

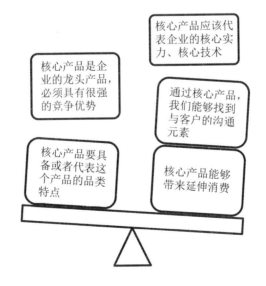

　　做移动互联网营销的时候，一定要记住这一点：不能只是为了这个产品而做产品营销，我们的目的是通过做核心产品营销来带动其他的延伸产品，带动延伸消费。

　　那么，如何选择营销的核心产品呢？有三点可供借鉴。

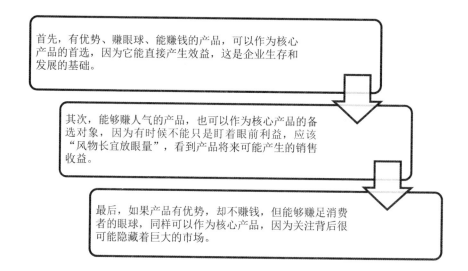

首先，有优势、赚眼球、能赚钱的产品，可以作为核心产品的首选，因为它能直接产生效益，这是企业生存和发展的基础。

其次，能够赚人气的产品，也可以作为核心产品的备选对象，因为有时候不能只是盯着眼前利益，应该"风物长宜放眼量"，看到产品将来可能产生的销售收益。

最后，如果产品有优势，却不赚钱，但能够赚足消费者的眼球，同样可以作为核心产品，因为关注背后很可能隐藏着巨大的市场。

营销提醒

　　核心产品对于商家的整个产品线来说，有着很强的聚焦作用。当做移动互联网营销时，不管是线上还是线下，让核心产品的曝光率最大化的时候，一定会吸引客户、社会大众和媒体的关注，进而产生连带效应，从整体上促进产品的成长和提升。

移动互联网运营必备的4款常用工具

商家在进行移动互联网营销时，要想真正地做好运营工作，掌握一些专业的运营工具和知识是非常必要的。下面就根据移动互联网营销中的主要内容，分享4款必备的营销工具。

■ 沟通工具：实时通讯软件

所谓实时通讯软件，就是商家可以在网络上建立某种私人聊天室，与网络好友进行实时沟通。

目前在移动互联网上最受欢迎的实时通讯软件包括QQ、微信、微博、APP、论坛、微视频、百科、分类信息等。

实时通讯软件是企业通过即时通讯工具推广产品和品牌的一种手段，其对移动互联网营销的作用一般体现在以下两点。

网上在线交流
- 营销者可以主动和客户打招呼，同时客户如果有什么疑问或需求也可以即时提问。这样有利于加强客户与商家的即时沟通。

广告
- 可以通过实时通讯软件向各种聊天群发送信息，当然最主要的还是广告信息，比如产品信息、促销信息。或者发送一些新闻资讯、趣闻、趣事等扩大商家知名度。

对于移动互联网营销而言，实时通讯软件可以说是一个非常好用的广告发送工具，但是运用实时通讯软件进行移动互联网营销还需要注意一些细节。

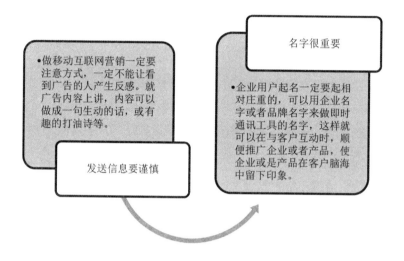

需要注意的是：实时通讯软件营销的核心在于和消费者的沟通、互动的过程中，积累潜在客户。在此过程中，商家可以从客户的需求去考虑，而不是一味地想着如何从客户口袋里把钱掏出来。

利用实时通讯软件营销时，因为和客户沟通时都是实时，所以在沟通时一定要注意技巧，语气热情，态度真诚。只有维护好与客户的关系，才能够更好地实现移动互联网营销。

■ 展示工具：企业网站

所谓网站，最初就是指在互联网上根据一定的规则，展示特定内容的网页的集合。最初这种网页只能是文本格式，现在则可以集合图像、声音、动画、视频，甚至3D技术等方式来展示特定的内容。

企业建设网站时，通常包括八个方面。

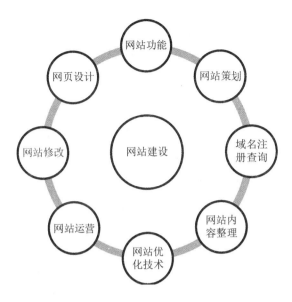

对于营销者而言，网站就是商家的网上门店，是商家展示产品、文化的工具。商家可以在自己的网站上通过文本、图片、视频等方式展示产品或是经营者信息，此外，商家还可以通过网站与浏览者进行即时交流、沟通。

总的来说网站对企业的好处可以总结为以下几点：

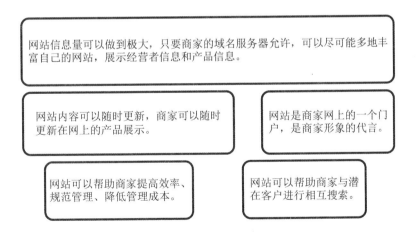

综上所述，一个好的网站对商家的移动网络营销所起的作用是不可低估的，但随着现在网站数量和内容的极度丰富，一个商家即使有一个好

的网站，如果缺乏后期的网络推广，不能让客户看到自己的网站也是不行的。有一个好的网站是商家进行移动网络营销的基础。

■ 提高点击率工具：超级链接

所谓超级链接，就是一种将某一网页或站点连接到其他网页或站点的手段，一般多个网页链接在一起就会成为一个真正的网站。

简单地说，超级链接就是从一个网页指向一个目标的连接关系，这个目标可以是另一个网页，也可以是相同网页上的不同位置，还可以是一个图片、一个电子邮件地址、一个文件，甚至是一个应用程序。而一个网页中用来作超链接的对象，可以是一段文本或是一个图片。当浏览者点击链接的文字或图片后，链接目标就将弹出，显示在浏览器上供浏览者阅读。

商家要想让更多的消费者看到自己的产品或店铺，提高网站的点击率和知名度，就可以利用超级链接这个工具。它是最常用、也是最简单的提高点击率的工具之一。同时，它还是移动互联网营销的一种常用的营销策略。

商家在利用超级链接时，需要注意以下几点。

首页不易放置太多图片	•网站首页放置的图片过多，就会影响下载速度，这样一来，不仅网站的点击率会降低，超级链接的作用也将无法发挥。通常，网站首页放5张左右的图片不会对首页的打开速度有明显的影响。
注意不同网站图片的风格不同	•各网站的图片千差万别，即使规格可以统一，图片的格式、色彩等风格也很难协调，这便会影响网站的整体视觉效果。
剔除无效的链接	•每隔一段时间就要对网站链接进行系统性的检查。

■ 获悉产品最主要的工具：搜索引擎

对于搜索引擎，想必大多数人都知道。它是指根据一定的策略、运用特定的计算机程序从互联网上搜集信息，在对信息进行组织和处理后，为用户提供检索服务，将用户检索到的相关信息展示给用户的系统。

目前为人们所熟识的搜索引擎工具有百度、雅虎、搜狗、谷歌等。

搜索引擎是目前最重要、效果最明显的移动互联网营销推广方式，也是最为成熟的一种移动互联网营销方法。中国互联网络信息中心调查报告显示：搜索引擎是获悉产品最主要的工具，产品访问量82.2%以上来源于搜索引擎，而且目前会上网的用户基本上都会使用搜索引擎，如果一个产品未被收录在搜索引擎中，用户将很难找到该产品。

著名搜索引擎业界评论家丹尼·苏利文曾做过一个形象的比喻："如果你没把登录搜索引擎纳入你的总体移动互联网营销计划，那么就好像在传统市场推广中不考虑电视、报刊等主流媒体一样。"由此可见，搜索引擎在提高产品的访问流量中起着举足轻重的作用。

说到搜索引擎，就必须提及搜索引擎优化。搜索引擎优化是针对搜索引擎对产品的检索特点，让产品各项基本要素适合搜索引擎的检索原则，从而能够被搜索引擎收录，并在搜索引擎自然检索结果中排名靠前，最终达到移动互联网营销推广的目的。

搜索引擎优化本身是一种计算机技术，而对于移动互联网营销而言，搜索引擎优化能够帮助产品在用户搜索中排名靠前，这才是其实用价值所在。

目前搜索引擎优化的方法主要分为两大类。

黑帽
黑帽法就是完全用作弊手段进行关键字排名，比如隐藏网页、垃圾链接、桥页、跳页等。

白帽
白帽法就是正统的搜索引擎优化途径，也就是搜索引擎厂商自身认可的一些手段。

■ 线上与线下购物交易的工具：移动电子商务

移动电子商务是伴随着移动互联网营销出现的新事物，所谓移动电子商务，其实它也是电子商务的一种，只不过这种电子商务是利用手机、PAD及掌上电脑等无线终端进行的B2B、B2C或C2C的电子商务。

移动电子商务是移动互联网营销实现线上与线下购物交易的工具，它将互联网、移动通信技术、短距离通信技术及其他信息处理技术完美结合，使人们可以在任何时间、任何地点进行各种商贸活动，实现随时随地、线上线下的购物与交易，或在线电子支付以及各种交易活动、商务活动等。

移动电子商务的优越性和移动终端用户的增多，促使越来越多的企业和个人认识到了移动电子商务更大的营销价值，移动电商也随之如雨后春笋般涌现。

营销提醒

移动互联网营销只要抓住时机，找到属于自己的市场，就能在这个新时代的大蛋糕里，拥有归属于自己的一份！

移动互联网营销的核心：时间碎片化

如今的社会，每个人都很忙碌，忙着挣钱，忙着生活，忙着学习……如此快节奏的生活，使得人们更趋向于利用琐碎的时间间隙获取信息。比如，吃饭时人们会翻看手机，坐公交时会翻看手机，各种等待时间中会翻看手机。

人们获得信息的途径如此简单，获得的信息如此之多，这同时也使人们养成了一种习惯：只要一个文档超过20页，人们就没有耐心看完。于是时间碎片化营销成为了移动互联网营销的核心，而商家的移动互联网营销思路也要顺应这种核心。

下面，通过一个案例来介绍一种基于利用闲暇时间营销的新思路。

2013年，在新浪微博和腾讯微信上有一个很火的营销活动，活动的主题是"寻找真实自我，真自游"，这是由蒙牛公司为产品"蒙牛真果粒"策划的一起移动互联网营销活动。

人们参与活动的方式很简单，只要拍摄并上传一张与"展现真我"主题相关的照片即可。由于低门槛的参与方式和方便快捷的参与方法，再加上活动设置的单反、旅行套装等诱人奖品，使得此次活动一开始就火爆整个朋友圈，新浪微博的转发量高达90万。

纵观蒙牛的营销方式，有两个地方值得我们参考。

低门槛的参与方式和方便快捷的参与方法。	新颖的活动主题，引起在碎片化生活里渐渐迷失的用户的共鸣。

这个案例也告诉我们：利用闲暇时间营销给移动互联网用户带来了高效和方便，无论前者还是后者，都能成为商家进行移动互联网营销的重要参考方向。

把消费者的闲暇时间进行分类，然后用各种方法高效地利用起这些碎片时间，并通过不同营销渠道、不同营销手段将这些碎片时间拼接在一起，给用户一个完整的营销体验。

具体的策略有三点：

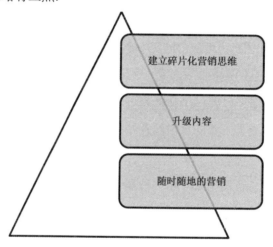

■ **碎片化营销思维**

虽说移动互联网营销的核心是时间碎片化，但时间碎片化在移动互联网里也有一个最大缺憾——时间短。

用户在查找某一件商品时，停留在每一个产品的时间很短。在如此短暂的时间里，商家要想尽办法抓住他们的心，吸引他们的注意。

而且，移动互联网用户的时间虽然变成了碎片式的，但他们的记忆却具有较强的延续性。同样一件产品，用户第一次浏览不满意，下一次浏览时，哪怕你已经做出了修改，他们在看到该产品时还是会再次选择不满意。

这是人们的思维习惯，也是难以更改的习惯。这种习惯也使得商家做移动互联网营销的难度变得更大。

所以，要想做好移动互联网营销，掌握用户千奇百怪又变化万千的口味，商家就需要建立碎片化的营销思维，及时调整更新自己的营销策略，才能在这场"移动营销之战"中完胜。

那么，商家应该如何建立碎片化营销思维呢？下图所示是建立碎片化营销思维的方法步骤。

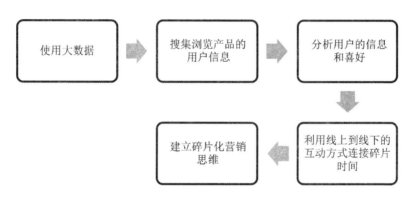

虽然移动互联网用户的时间是碎片化的，但他们的需求却依然是完整的，你要做的就是用上述思维和手段还原、开发出他们的真实需求，甚至为他们打造一个专属的个人货架。

■ 升级内容

纵观如今的移动互联网，你会发现：2012年风靡一时的博客已经被微博取代，手机短信如今也被微信所替代。

以前人们学习专业知识主要靠书籍、报刊等传统媒体，如今人们只要打开种类繁多的手机APP就能获得各行各业的新鲜、专业资讯……这些巨大的改变都是碎片化时间带给移动互联网的改变。

为什么会改变？因为它们更加短小精炼、新鲜有趣和传播迅速。所以，商家企业在进行移动互联网营销时，要更加注重内容。以"携程网"的微博为例，当你打开携程网时，你可以看到各种充满诱惑力的文字内容，时刻"挑逗"着用户的视觉，让人看了以后，有一种"世界很大，出去走走"的感觉。

为了从移动互联网营销"杀"出一条血路，商家必须要学会利用时间碎片化来升级自己的内容。

内容不仅仅只包括文字，还包括图片、视频等。只有全面升级内容，才能在争夺消费者碎片化时间的内容战役中占得先机。

■ 随时随地的营销

时间碎片化带给移动互联网营销的最后一个特点就是：不受时间和地点的限制。

在时间方面：在网络上，一天24小时都有用户在活动；在地点方面：家里、公司、地铁、餐厅……如今移动互联网的发展使得几乎在任何地方都可以浏览网络。

时间碎片化的这一特点使得移动互联网几乎不受任何限制，这也给商家带来更大的机遇，让商家可以随时随地开展营销。

另外，传统的营销往往要经历长时间的准备，比如做预算、找人手、选地方、挑时间等，而移动互联网营销只要活动有创意，不管何时何地，都能吸引用户的注意。

总之，时间碎片化除了是移动互联网营销的核心，也是移动互联网营销产生的根本原因之一。商家只有全面而深入地利用时间碎片化在移动互联网的营销策略，才能精准地把握营销方向。

移动互联网营销案例解析

　　看一看地铁上随处可见的"微信族"，每次吃饭必先拍照上传的"照片控"，通过街旁等签到软件将"某某到此一游"发扬光大的"签到族"，公交车上逛淘宝的手机购物族……我们会发现，移动互联网已经如此深入地融进了我们的生活。

　　那么，一些商家是如何抓住这一机遇，利用移动互联网进行营销的呢？我们来看看下面几个案例。

■ 简单网：利用移动互联网营销获得百万元销售额

　　近些年，流量的价格上涨让商家获取用户的成本飙升，传统的引流方式显然已经无法吸引消费者，再加上女装导购类网站的频频出世，例如蘑菇街、美丽说等，消费者可选择的空间增多，行业竞争日趋激烈。

　　而淘内卖家对淘外推广渠道认知有限，淘外流量质量又良莠不齐，淘内店铺急需专业平台来进行更有效、更全面的流量支持。

　　简单网基于个性化推荐，拥有众多专业服装搭配内容的精品女装，通过行业领先的技术手段，根据用户不同喜好，只展示与其风格匹配的商品，实现千人千面。

　　考虑到女性消费者的个性化需求，简单网通过选款师来覆盖不同风格偏好的用户群体。自2012年12月以来，选款师粉丝数量取得高速增长。2013年，选款师的QQ空间活跃粉丝1120万，新浪微博粉丝30万，平均每天访问网站的用户数超过50万，月销售额超过1800万元。

简单网通过移动互联网营销了解了消费者的需求，再利用选款师推荐的方式实现了销售目标。

简单网观察发现，在穿衣搭配方面，很大一部分女性用户对自己的购物需求并不明确，经常会盲目跟风，所购买的衣服并不是最适合自己的，她们有需要专业选款师指导穿衣的愿望。

同时，移动互联网上的女性用户与淘宝网购人群的年龄段高度契合。移动互联网以人为核心，具有传播速度快、互动性强的特点，但对运营要求较高，卖家一时难以独立操作并达到一定效果。

在结合自身优势的基础上，简单网采用"一个核心，多个辅助"的策略，即以移动互联网为核心，在移动互联网广告交易平台、搜索平台、社交平台等多渠道同时进行投放，全互联网吸引用户来关注社交平台上的众多选款师。

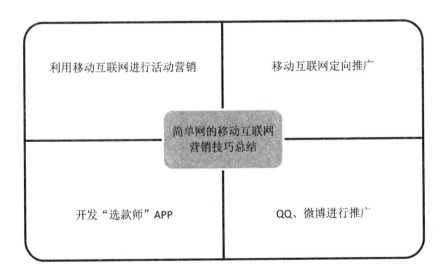

选款师或来自于服装设计院校，或是搭配达人、时尚编辑，具有超前的时尚敏感度。

基于移动互联网的定位特点，简单网可以精准定向网购女性用户，通过互动性强的素材吸引目标用户进行包括测试在内的多种互动活动。

活动推广媒介的选择是基于对用户的分析，移动互联网互动性强，传播速度快。2012年11月底，简单网选款师入驻QQ空间，为用户提供个性化内容之后，"你什么范儿""我要私人选款师""我的明星范儿"等多款APP在QQ空间应用中心和新浪微博应用中心上线。

在新浪微博进行女性用户定向投放，APP通过多步骤设计，在准确把握用户喜好的同时，筛选真正对选款师感兴趣的用户。

2012年12月中旬，这些APP在搜狗、360等平台同步开启投放，进一步增强"选款师"概念的曝光，并引导用户成为微博、空间的关注对象。

不同的社交平台的人具有不同的特征，本身简单网就可以通过微博和QQ登录，而选择QQ空间和微博来推广是考虑到经常活跃于这两个平台的人跟简单网的网站用户重合度是很高的。

为了加强用户对"选款师"的关注，简单网发起"选款师课堂""服饰百科""选款师问答"等多个搭配类微博话题。

2013年4月，网站新开辟了选款师课堂和选款师问答栏目，通过选款师与用户的一对一解答方式，为用户解决穿衣困惑，同时利用这些有价值的内容形成用户黏性，培养用户的信任基础，也能形成二次传播。"私人选款师"活动利用400万元的广告费用吸引了1150万的注册用户。

正是这一连串的微博以及QQ空间联合移动互联网营销推广，简单网在得到精准用户的同时又满足了商家的销售需求。采用数据分析技术准确判断用户喜好，通过推荐技术将适合的产品推送至用户面前，减少用户购买决策时间，快速产生购买，此类营销活动释放了用户定向投放的能力。

■ M&M's：根据移动互联网特点，玩转活动营销

曾经在20世纪中期因为"只融在口，不融在手"的电视广告爆红的M&M's牛奶巧克力豆，似乎一直走在时尚糖果的前沿。

经过了近70年历史的长流，M&M's的巧克力被赋予了生命、性格乃至鲜明的个性。随着智能手机的主体用户越来越多地贴上"80后""90后"的标签，如何以更加生动与互动的形式，向充满活力与数字新生活主张的品牌消费者——即年龄在16～30岁的大、中学生和职场的年轻人，精准地传达M&M's的品牌内涵，是此次M&M's移动互联网营销活动的关键。

面对着成长起来的80后、90后手机用户，是不是把电视广告等传统广告搬到手机上就可以了？是不是可以直接用移动互联网的营销方法？

这不仅取决于品牌和营销人对新技术的理解，更取决于对消费群体的深刻洞察，包括他们的兴趣、他们的心理、他们的习惯等。

因为，移动互联网营销所承载的不仅仅是手段层面的创新，还包括营销理念层面的革命性变化。这个革命性的变化就是——信任推荐，要成功地走进手机用户的心，就要走进他们的圈子，和他们在一起。单向传输的纯真年代已经一去不返，基于"情感""信任"的双向甚至多向互动才是当下移动互联网营销模式的核心主题。

基于手机用户的信任关系纽带和喜欢与朋友即时分享、喜欢游戏互动、喜欢随时用手机上网等行为特点，M&M's围绕着年轻群体钟爱的电影策划推出了"M&M's邀你呼朋唤友看大片"活动。

"一票换四票，邀自己的朋友一起看电影"在年轻人中间迅速得到积极响应。

这其中做了一个很好的角色转换，由企业邀请变成了好友之间的邀请，本来年轻人就喜欢邀三喝五地一起去影院，这次还有免票奖励，积极性自然就高涨了。

主题活动的官方WSP站，用户只要登录注册，就有机会在互动游戏中抢得"一票换四票"的超值观影优惠。同时，还充分利用手机特性发起了"短信参与抢票猜猜猜"以及"彩信参与抢票大头贴"两大手机互动游戏，让用户的参与更有趣味性。

M&M's策划的这一活动，很快在年轻人的圈子中流行起来。

纵观这次活动营销，有三个成功的关键因素。

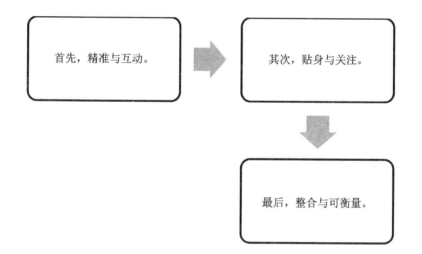

第一，精准与互动。通过手机号码和GPS精准定位，关联受众的消费属性，精准定位消费群体，M&M's通过移动数据挖掘与用户属性智能识别系统，甄选出广东地区、具备大专以上学历以及刚步入职场的年轻人在内的潜在目标人群。

然后，通过"一票换四票""短信参与抢票猜猜猜"以及"彩信参与抢票大头贴"等互动设计激发受众的参与热情。

最后，M&M's以手机彩信分享和传送回来，集齐四张照片成一套传给活动方后，就可以获得"与M&M's零距离共度美好电影时光"的机会。从线上到线下再到线上，将消费者的行为打包，一键式完成消费群体的互动行为。

第二，贴身与关注。充分利用了手机的私密特性，可以随时随地找到消费者，同时在消费者接受广告信息最大化的时间内，发送适当的内容，减少消费者的排斥，缓和广告的强迫性，树立广告主亲民爱民的形象。

M&M's从广告投放、移动互动参与、线下互动参与、消费购买、分享等各个环节都尽力为消费者想得更多，注重与消费者的情感与信任沟通，自己走入用户的生活圈，与他们打得火热。

第三，整合与可衡量。手机媒体打破了传统媒体的门槛，与电视、电台、户外和杂志、互联网媒体等都能整合起来，而且可以利用手机监测传播效果，第一时间通过手机获得消费群体的反馈。

M&M's本次活动将短信和彩信互动、WAP推广等移动营销手段与线下主题活动完美融合，借助手机、移动终端这一最适合年轻人群特色的新渠道娱乐化地传达品牌信息，在用户的参与互动中，潜移默化地将品牌"分享、快乐、美味"的精神内涵植入消费者的心中。

第 2 章

微信营销：移动互联网营销的至高点

微信，作为近年来蹿升速度最快的社交平台，不但已经改变了人们的生活方式，更成为了无法忽视的一条移动互联网营销渠道。

说起微信营销，或许很多人的第一反应就是摇一摇、附近的人、朋友圈。其实不然，随着腾讯逐渐开放微信接口与平台，我们能够利用的微信营销手段也将越来越多。

什么是微信营销

相信很多人都知道微信，但对于什么是微信营销，却是一知半解。所谓微信营销，是指商家利用微信来为自己的产品和服务进行宣传推广，从而实现点对点的营销。

很多知名企业，如星巴克、凡客等很早就开始试水微信营销。毫不夸张地说，微信攻占了移动互联网营销的至高点。

微信营销主要依靠的工具是：智能手机、平板电脑。

微信营销的主要方式是：微信公众平台、朋友圈、微信会员卡管理系统、微官网、微会员、微推送、微支付、微活动等。

因此，微信营销对于商家来讲，有以下几个天然优势。

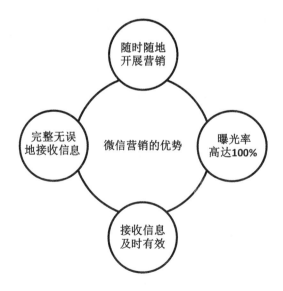

■ 随时随地开展营销

可以利用微信营销的移动终端往往都是携带方便、体积较小的工具，所以人们可以随时随地带在身边，随时随地获取信息。

商家可以运用这一点，随时随地开展营销活动，让消费者随时随地接收你的信息，当然是在不打扰和不引起消费者反感的前提下。

■ 曝光率高达100%

微信具有提醒功能，比如通知中心、铃声、角标等，这些功能可以第一时间提醒用户：他已经收到商家的信息。这些功能使得微信营销具有高达100%的曝光率。

■ 接收信息及时有效

据统计，微信用户现已达到9亿之多，微信已经成为或者超过类似手机短信和电子邮件的主流信息接收工具，其广泛和普及性为营销奠定了基础，一些微信大号拥有动辄数万甚至十数万的粉丝。

除此之外，由于公众账号的粉丝都是主动订阅而来，信息也是主动获取的，完全不存在垃圾信息遭到抵制的情况。

■ 完整无误地接收信息

不管是什么营销方式，消费者不能完整无误地接收到营销信息，那么营销也就毫无效果可言。微信可以完整及时地接收到每一条信息，这使得商家在进行微信营销时，可以放心地开展各种营销活动。

目前微信营销已呈爆发之势，然而很多商家却并不知道如何进行微信营销，到不了金字塔的顶端。难道微信营销很困难吗？相信看完本章后，你的微信营销之路会走得更加顺畅。

微信营销第一步：注册微信账号

微信营销是依托微信终端的一种新型营销方式，微信方便快捷、用户数量巨大的特点给微信营销带来了极大的营销机遇。

商家只要注册微信账号后，即可与全国微信用户联系沟通。当用户需要查找自己的需求时，商家通过提供用户需要的信息推广自己的产品，从而实现营销。

微信营销的第一步就是注册微信账号，微信营销的注册分几步进行。

■ 申请微信账号

微信是一个为智能终端提供即时通讯服务的免费应用程序，申请微信账号具体操作步骤如下所示。

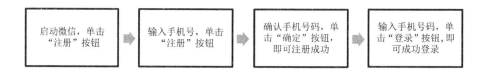

■ 设置吸引人的头像

在现实环境中，我们的面貌、着装和气质会透露出我们是什么样的人。而在微信中，头像就是微信的脸。

如果是企业的话，可以选择企业标志作为头像；如果是个人的话，可以选择卡通图片或大头像，具体操作步骤如下所示。

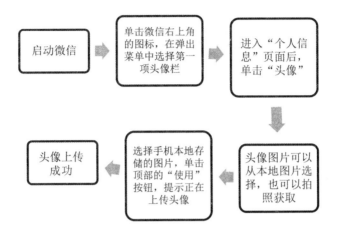

微信账号的注册非常简单，在这里就不一一详述，商家企业只需要按照微信官方提供的流程一步一步操作即可。

微信自带独特的营销功能

微信作为一种社交工具，其中的很多小功能都非常值得营销人员研究。利用好了微信的这些小功能，营销也将事半功倍。

■ 朋友圈：推广产品的最佳选择

朋友圈是微信的一个基本功能，是让用户发布信息、照片以及与好友讨论、留言的地方，用户可以互相查看好友的朋友圈信息，随时都可以分享、评论、点赞。

商家有时可以使用个人微信号在朋友圈中发布产品、促销等信息，这样也可以实现推广。首先引发好友的关注，然后好友也可以再转发、分享，如此一来，就会形成一种良性循环，让更多的潜在客户看到信息，那么产品和品牌就能够推广出去。

由于新出台的规范禁止用强制性行为诱惑粉丝转发朋友圈，所以很多商家采取了"集赞"的方法，即在朋友圈中分享一条商家的信息，利用朋友圈中的浩瀚人海发起"集赞"活动，如此一来商家发布的信息就会被越来越多的人看到，起到了很好的宣传效果。

值得注意的是，商家在这个过程中一定要诚信，比如承诺粉丝"集赞"达到一定数量给予奖励时，就必须要言出必行。

很多商家在这一点上没有做到诚信，欺骗了粉丝感情不说，还会形成很恶劣的口碑，对商家来说得不偿失。

■ 扫一扫：和消费者互动

"扫一扫"是微信的一项基本功能，用户可以用这个功能来扫描关注公众账号，还可以扫描二维码跳转到微信支付页面，另外还可以扫描街景、条形码、封面等。

下面我们就来分析一下，商家该如何好好地利用"扫一扫"。

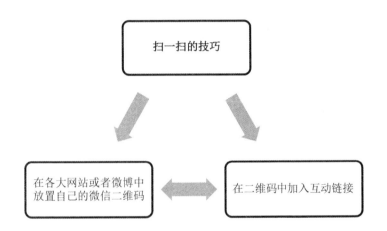

◎ 首先，商家应该在各大网站或者微博中放置自己的微信二维码，让用户看到之后主动"扫一扫"。需要注意的是，商家的二维码要确保清晰可辨，方便粉丝快速扫描；其次，还要将二维码放在显眼的地方，让粉丝一眼就能看到。

比如，著名汽车品牌凯迪拉克在新浪官方微博和其官方网站中就将微信二维码放在了首页，用户一眼就能看到。

◎ 其次，为了加强营销效果，商家还可以在二维码中加入互动链接，让用户只需要扫一扫即可参与互动，比如微信查询订单、微信了解售后服务等。这样做也能进一步促进商家与用户之间的良好沟通，有助于商家更清晰地了解用户的消费特点和需求。

比如，聚尚网就在每一笔订单的售后服务单上都放置了二维码，用户只要扫描一下即可了解详细的售后服务，还可以与企业客服进行互动。

■ 签名：精准地进行营销定位

个性签名是微信最基础的功能之一，搜索某个账号时，最先出来的就是签名界面。运用微信的签名和功能介绍来宣传，等同于商家拥有了一个移动的"黄金广告位"，而且它能精准地进行营销定位，让更多用户找到商家。

在具体操作时，商家应当如何利用好微信的签名和功能介绍呢？ 怎样设置才能让用户更容易发现自己？

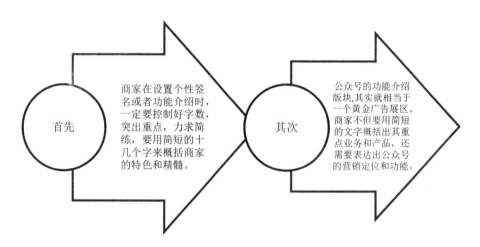

比如伊利的做法就很值得学习：一句"伊利酸奶互动交流平台"，既表达出了伊利酸奶的品牌和主要特点，还带出了此公众账号的主要业务和运营类型。

■ 附近的人：锁定更多用户的有效方法

熟悉微信的人都知道，利用微信的"附近的人"功能，可以确认自己的位置，然后看到很多附近正在使用微信的人。

你拿着手机走到不同的地方，附近的人也会有所不同，这就为商家锁定更多用户提供了有效方法。

下面来具体介绍一下，如何利用微信中的"附近的人"这一功能实现商家的微信营销。

◎ 首先，营销人员首先要利用个人微信号来查找"附近的人"，之后页面会现一个地理位置定位的对话框，用户选择"确定"之后，就可以查看到附近的一大批用户。

在这时，商家可以选择两种宣传方式。

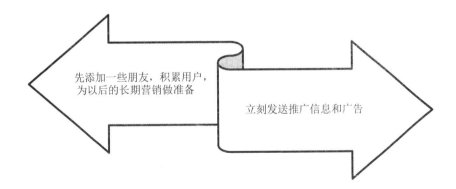

先添加一些朋友，积累用户，为以后的长期营销做准备

立刻发送推广信息和广告

对餐饮店、美容美发店等便民服务行业来说，立刻发广告是一种非常有效果的营销方式。建议餐饮店可以在用餐的时间段安排几名营销人员，拿着手机去附近走一圈，利用"附近的人"这一功能与附近的用户打招呼、加好友，推广饭店信息，吸引用户前去消费。

◎ 其次，设置好个人微信账号的签名，让有需求的用户快速搜索到你。对很多微信用户而言，如果他们有某种消费需求，就会在微信上搜索附近的人，查看附近有没有靠谱的商家。这就给商家一个启发：可以利用微信个人账号在名字、签名中加入自己的信息，让客户搜索到自己。

这种方式未必会让所有的商家都能找到自己的客户，但至少能够增加自己的曝光率和知名度，也能发展一些潜在客户。

■ 漂流瓶：吸引用户参与

微信新版本中，漂流瓶被隐藏了起来，商家在使用的时候，首先就要找到它，并且激活它。具体做法如下所示。

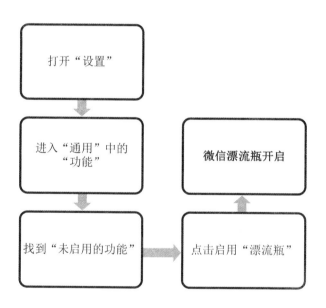

下面具体来分析一下商家如何利用漂流瓶策划一个有创意、个性化的营销活动，以吸引用户参与。

◎ 首先，通过漂流瓶，商家不只是可以发出纯文字的信息，还可以发出语音信息，很多商家便运用甜美或者优美的歌曲来吸引用户的注意。这种个性化营销方式，会在很大程度上引起用户的兴趣。

◎ 其次，商家还可以更换漂流瓶的头像，比如将头像更换为商家的Logo 或者个性化标志，让用户捡到瓶子时，能对商家产生良好的第一印象。

以上几种常见的微信工具，就是很好的微信营销方式，就看商家能否妥善运用，创造属于自己的财富。

高级营销：拥有微信公众平台

对于企业来说，要做微信营销，就要拥有微信公众平台。那么，该如何拥有微信公众平台呢？下面就详细为你阐述。

首先，要准备注册所需的资料：个人手持身份证照片，企业授权运营书盖章扫描件，企业营业执照扫描件。

接下来，就可以进入企业微信公众账号的申请阶段，具体分七步操作。

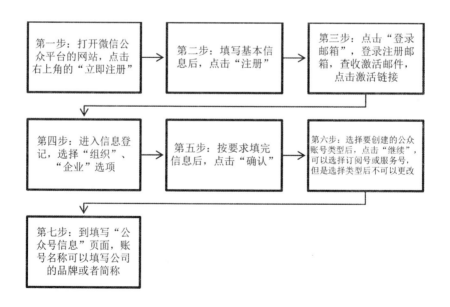

需要注意的是，信息填好后进行提交，七个工作日内会审核完成。另外，由于微信官方版本随时更新，操作步骤会有更新，最终流程以最新版微信为准。

到此为止，企业微信公众平台的注册就算完成了。

下面，向你介绍微信公众账号的认证。企业的微信账号加V认证后，有如下好处。

企业微信认证的方式有两种：

◎ 第一种，是进入微信公众平台，点击"设置"下的"账号信息"，点击"认证情况"，最后点击"申请微信认证"。

◎ 第二种，是进入微信公众平台后，点击"服务"，进入服务中心，可见"申请微信认证"。

对于微信认证来说，也有一定的要求需要满足，才能成功地通过认证。

认证资费	数量限制	认证资格
•微信公众平台申请微信认证，需一次性支付300元/次的审核服务费用。	•微信认证服务用户申请个数，每天会有一定的数量限制，达到一定的申请个数后，系统则会提示"名额已申请完，请明天上午9点再尝试提交微信认证"。	•需要在业内有一定知名度，且订阅用户至少需要500位，才能申请认证。

玩转公众账号关键策略

当你按照上一节的要求建立自己的公众平台后，接下来要做的最重要的一步就是用微信公众平台打造自己的品牌，进行产品营销。既然是打造品牌，一定要经过详细而周密的设计规划，玩转公众账号。

那么，商家应该如何玩转公众账号呢？玩转微信公众账号分四步进行，如下图所示。

■ 第一步：给微信公众账号一个清晰的定位

微信公众账号营销的第一步就是清晰的定位。这是微信公众账号建设和发展的核心。商家需要根据定位来确定正确的品牌形象和目标人群。有了清晰的定位，就不用去担心订阅用户的数量。因为订阅用户的活跃度要比数量重要得多，100个活跃订阅用户要比1000个没有交流的订阅用户有效得多。例如，小米微信账号定位就很清晰：做发烧友喜爱的手机，专注于手机玩家。

那么，怎样做好微信公众账号的定位呢？

◎ 知道利用微信做什么。商家必须弄清楚想要利用微信做什么。比如，如果你是做面膜的，你的定位应该是护肤，而不是服装，否则容易给消费者一个杂乱的感觉。

另外，给关心商家的订阅用户正确的信息，千万不可整天围绕着当前的热点事件去发表意见，而是应该多发布自身的信息。

◎ 缩小范围，准确定位地区。比如，你的产品只会对某一个固定城市的消费者产生吸引力，其他城市的消费者对你的产品没有多少兴趣，那么，商家要做的就是：缩小范围，准确定位地区。也就是说，只在一个对你产品有吸引力的城市开展微信营销。

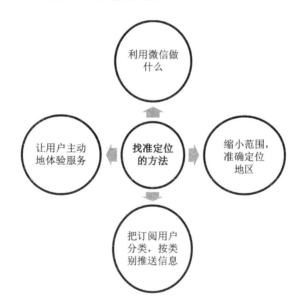

◎ 把订阅用户分类，按类别推送信息。想要了解某方面信息的用户，自然会从你的消息中有所收获，并且会引起购买的欲望。了解用户的诉求，准确找到切入点是关键。高质量的订阅用户不易流失，老用户还能给商家起到一定的宣传作用，从而加大品牌影响力。

◎ 让用户主动地体验服务。商家不要只把微信当作一种营销工具，更重要的是把微信作为一个服务用户的工具，让用户主动地体验服务。

营造良好的沟通氛围，这样的话就可以让用户愿意把自己的建议发表出来，而商家通过这些建议及时调整自身，这样才能够形成双赢的局面。

■ 第二步：给公众账号取一个"靓名字"

利用公众账号进行最有效的营销，商家的公众账号就需要优质的内容和创新的策划或服务。一个好的名字能体现出公众账号的价值、服务、内容、范围、行业等信息，让感兴趣的人快速关注。

公众账号取名的常见方法如下。

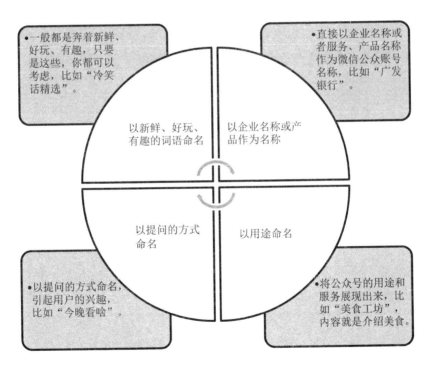

取名，对于任何事情来说都是一门很深的学问，微信公众账号也不例外。每个商家在策划账号名称的时候都要根据实际情况来考虑，关键就在

于有趣、实用，且跟商家有关联。

另外，商家在给微信公众账号取名时还需要注意以下四个方面：

◎ 名字长度以6~8个汉字为宜。比如，一家深圳的港式茶餐厅，一定不能起名"美味"或者"粤菜美味"这样的名字，这样的名字第一没有特点，第二太过于宽泛没有针对性，对于微信的搜索引擎来说这样的关键词排名一定会靠后。名称也不能起得太长，最佳的名字长度为6~8个汉字。

◎ 名字要和微信内容相关。商家在取名的时候，不要使用大多数人都不认识的字或没有任何关键词。因为微信的公众账号平台属于封闭性平台，基本都是靠着微信搜索进行订阅的，如果你的微信账号没有大的宣传推广，名字一定要和你的微信内容相关。

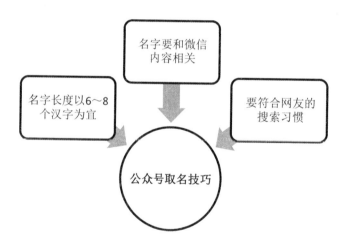

◎ 要符合网友的搜索习惯。商家在描述公众账号的时候，最好查看百度指数，寻找搜索热词，要符合网友的搜索习惯。比如你的顾客群体是深圳的"吃货"们，取名"美食"显然不仅针对人群过于宽泛，在整个美食的微信公众账号排名中也很难脱颖而出，即便订阅你的公众账号的用户也未必是你的目标对象。而选用"深圳美食"则不仅锁定了顾客群体，也缩小了竞争对手数量，可谓一举两得。

■ 第三步：写好微信功能介绍

商家在申请微信公众账号时，不管是申请服务号还是订阅号，都有一个必不可少的步骤：填写功能介绍。商家应该如何填写呢?

微信公众账号的功能介绍顾名思义，主要是介绍公众账号会提供哪些功能、哪些服务和哪些产品等内容，总体上是对公众账号功能的概括，要用最简单、简洁的话语描述出来，因为这样有利于发展目标用户群。

总之，微信功能介绍一定要写得特别，建议从用途尤其是给用户带来什么入手，同时还要简洁、好记。这样别人在关注你的公众账号的时候，才能马上了解你的信息，以便订阅。

■ 第四步：加入微信外链

微信公众平台改版后，开通了微信支付功能的公众账号能够在图文消息中直接加入跳转链接，用户就可以实现"一键购买"。

此前，服务号发布在公众平台上的图文消息只能以文字、图片内容为主，用户无法在文中直接嵌入链接。微信官方曾表示，这是出于交易安全因素的考虑。但这也限制了微信公众平台的流量转化能力，很多微信图文消息被迫将链接放在"阅读原文"中，这阻碍了微信电商服务号的图文消息转化效果。

营销提醒

在新版本中，微信服务号可以在文章中添加商品购买链接，这样，订阅用户可以直接从文章跳转到店面下单。

个人账号+公众账号=营销作用加强

微信营销账号一般分为两种。

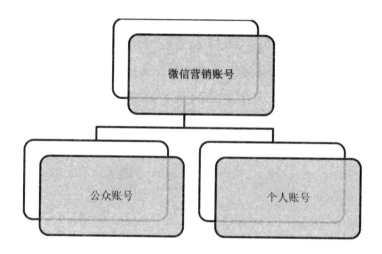

虽然公众账号一般是微信营销的主力，但是企业营销者的个人账号同样是不可忽略的营销力量。尤其是当两者相辅相成、共进互补的时候，两者结合后所发挥的营销作用远远超过了营销者的想象。

许多商家、企业在微信发展初级阶段，都是通过微信个人账号起步的，利用个人账号的微信个性签名、"摇一摇"、"扫一扫"、"查看附近的人"等功能，进行点对点的微信营销。

这种初期的营销方式在微信公众平台推出后已经不能发挥最大优势，微信公众平台的互动性与交流性都强于个人微信账号，而且微信公众账号通过官方认证后更具说服力，其营销可靠性也远远大于个人微信账号，再加上微信公众平台的高端自动回复功能，使得微信公众账号成为了企业微信营销的主流渠道，微信的公众平台优势越发凸显。

但是，我们要清楚，无论是微信公众账号还是企业营销者的个人微信账号，其进行营销的最终目的是一致的，两者的服务对象也相同，两者并不是竞争对手关系，而应该是合作伙伴的关系。

微信营销的未来方向应该是以遵循官方认证的公众账号为主，营销者的个人微信账号为辅，两者共进共益，成为企业的主要营销力量，凝聚更大的营销力量。

■ 根据各自优势划分不同板块

微信营销包含各种营销方式。例如，打折优惠营销方式。在这一营销方式中，应该将个人微信账号与企业微信公众账号合二为一地进行整体考虑，然后根据各自的优势划分不同的版块，选取不同的侧重点。

泡泡火锅的营销者，从上班开始，便将近期的用餐活动编辑成微信营销信息，然后在用餐时间前一小时，用微信"查看附近的人"的功能发送编辑好的营销信息，并且将打折优惠的二维码编辑到信息当中，让消费者不用关注公众平台就可以获取打折优惠的权利。

正是这一小步的营销服务提升，使得泡泡火锅获取了更多的客户资源，进而得到了更大的市场利润。

■ 个人号探路，公众账号营销

企业注册微信公众账号之后，便具备了一定的微信营销实力。这时候，企业的微信营销应该选择一个主要的方向，不可以像营销者的个人微信账号一样多向发展。

　　企业可以先用个人微信账号去尝试，获得一定的营销成果后，再去思考是否适用于企业的微信公众账号。

　　IT茶馆曾经在公众平台上推出过一个"开心茶馆"的趣味问答活动，这项活动为IT茶馆带来了良好的营销效应。

　　当这次活动结束之后，很多企业开始模仿这种形式，开展各种微信问答活动。正当营销者祈祷可以获取像IT茶馆一样的成果之时，却发现网上冒出一些关于问答活动的负面新闻。

　　有些网民认为IT茶馆这次问答活动设置的难度较大，奖品获取成功概率太低，这种行为只是单纯地谋取微信公众账号的关注数量，并不是真正意义上的娱乐活动。

　　这些负面新闻，导致很多跟风进行问答营销活动的企业都受到了一定的形象影响，并且没有获取任何营销利益。

营销提醒

　　企业的微信公众账号与营销者的个人账号两者之间有必然的关联。因此，我们进行微信营销必须全面地思考问题，巧妙地运用两者的优势，形成独特的营销方式，发挥微信营销的最大作用，让两者可以遥相呼应，获取更好的营销成果。

微信营销的三大误区

不管是谁，在进行微信营销时，都会出现各种问题，这些问题得不到解决，营销不可能成功。

下面是通过长期实践总结出的几个常见的微信营销误区，正是这些误区阻碍了微信营销的效果，营销者可以一一对照查看自己是否有这样的问题。

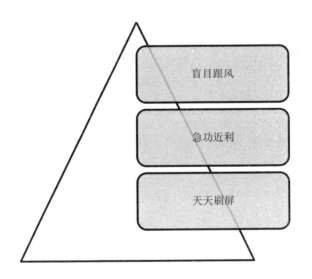

■ 误区一：对微信不了解就跟风操作

不可否认，微信确实是一个很好的营销工具，但是要想利用好这个营销工具，首先得对它进行详细的了解。现实生活中，一些商家对微信并没有充分的了解，就盲目跟风操作。

很多开了实体店铺的老板，比如化妆品店铺、小超市和餐饮店等，基本都是看到很多人在玩微信，才来玩微信的。

这些人还对微信不太了解，就注册了一个微信公众账号，做起营销了。然后吸引订阅用户，搞 些软件，再天天群发广告消息，也没有考虑和订阅用户的互动与沟通。做了一段时间，得不到希望的结果，然后也就没心思再坚持下去了。

■ 误区二：不了解微信营销的价值

纵观周围利用微信营销的个人，你会发现一个问题：他们都想利用微信赚大把金钱。然而在微信平台上，大部分商家的人气聚集都是一个缓慢的增长过程。这个过程可能是几个月甚至一年。只有经历过这样一段积累期，再借助一些事件营销，才能顺利完成订阅用户量的突破。

这时候，如果看到订阅用户量增长缓慢，企业很有可能逐渐丧失持续营销的动力。由于没有清楚理解做微信的价值，很多盲目跟风的人把它认为是可以立马见效的营销神器，恨不得开通账号的第二天马上看到源源不断的业绩。哪有这么好的事情？

■ 误区三：强推内容，天天刷屏

很多商家，特别是刚刚进行微信营销的营销者，每天做的最多的事情就是：刷屏。不论是朋友圈，还是在微信公众平台上面，永远都在发一些自己想要发的内容。谁能受得了天天看这些广告？

成功的微信公众账号发布的内容基本都是目标用户需要的，发布的广告也都是用语言包装的软性广告。

所以在发布内容的时候，要多考虑目标用户的感受，站在用户的角度去思考，然后满足用户的需求。用户需求满足了，那自己的需求也就满足了。

在推送内容之前，可以先跟用户沟通一下，告诉用户今天他要阅读什么样的内容，让用户自己选择要不要阅读推送的内容。尽量不要去强推内容给用户，这会造成大量的用户取消订阅。

正确的做法是，让用户自己索取他想要阅读的内容，给用户更多的选择，而不是强推内容，天天刷屏。

微信营销案例解析

2016年，是微信营销全面火爆的一年，不仅很多创业者依靠微信营销赚取到自己人生中的第一桶金，很多企业，比如小米手机、杜蕾斯、百事可乐等，也依靠成功的微信营销迅速走红。

下面，让我们一起来分析一些微信营销的成功案例，学习并借鉴其中的"技巧"和"诀窍"。

■ 杜蕾斯：微信营销的"杀手锏"——情趣营销

杜蕾斯（Durex）是全球知名的避孕套品牌，作为一个成功的跨国企业，杜蕾斯非常注重运用各种营销手段来维护自己的市场地位。随着微信营销越来越热，杜蕾斯也毫不犹豫地投身其中。

定期送福利，是杜蕾斯采取吸引并扩大微信用户的一个重要手段。

2014年12月11日，杜蕾斯在微信平台上公布了这样一条信息："杜杜已经在后台随机抽中10位幸运粉丝，每位幸运粉丝将会获得杜杜新品'魔法装'一份。今晚10点之前，我们还会免费送出10份。"用户只要在当晚10点之前，向杜蕾斯公众账号发送"我要福利"四个字，就有机会成为幸运粉丝，获得幸运礼品。

活动推出不到两个小时，杜蕾斯就收到了几万条"我要福利"的微信，而且大多数粉丝还咨询了其他信息。

从结果来看，杜蕾斯用10个套装换来数万个粉丝的关注订阅，这笔账无论怎么算都"巨划算"。

除了"福利效应"，杜蕾斯在微信营销中还有一个"杀手锏"，那就是"情趣营销"。杜蕾斯微信公众账号上有一个"禁止调戏"的版块，并且这个板块占据非常显眼的位置。用户往往会出于好奇心理点击进入，之后用户会发现"求围观""求安慰""听乡音""涨姿势"等小版块。随便点击任意板块之后，比如"涨姿势"，用户会发现杜蕾斯推送的更多情趣话题。

杜蕾斯一向秉持"为全球消费者带来更完美性爱体验"这一宗旨，希望能够将激情和快乐带给每一个用户，让每一对情侣在两性生活方面都能和谐愉悦。而微信作为私密性、互动性良好的平台，非常有利于杜蕾斯发挥其在情趣营销方面的优势。

从杜蕾斯的情趣营销中，商家可以学到什么东西呢？

使用大胆、开放的话题，但杜绝色情

2014年出台的《微信公众平台运营规范》第4.2款规定，禁止传播色情以及与色情擦边类内容。商家在话题选择上一定要杜绝色情，但这并不代表商家不可以使用一些大胆、开放的话题。

发挥商家优势，形成独特的微信营销模式

商家必须要发挥自身优势，打造一种独有的微信营销经典模式。例如，康师傅已经形成了一种独特的"爱情公寓"营销模式，非常吸引粉丝眼球。

■ 小米手机：微信抢购使粉丝达千万

作为国产手机品牌的新秀，小米手机充分利用微信平台，推出一系列的抢购策略，让小米手机的粉丝们再次为之鼓掌。

2014年5月15日，小米手机召开新品发布会。为了能够让米粉们第一时间知悉新品发布会的内容，公司决定提前在小米商城预售500张新品发布会门票，并通过微信公众账号发布了这一信息。用户在微信上得到这个消息之后，就能够尽早在小米商城抢购门票，以便第一时间了解新品信息。

微信用户也可以在微信中直接点击"产品"，进入小米商城购买产品。例如我们选择"小米3"，系统会自动跳转到小米3的购买界面，让用户省去了烦琐的搜索步骤。

小米手机成功的微信营销也收获了更多的粉丝，其微信公众账号的关注数量逐渐增多。截至2015年年底，关注小米手机的微信粉丝数已经超过1000万。小米手机微信营销负责人曾表示："我们没有将微信当作一个纯粹的营销工具，我们更多地是将微信服务当作一个产品来运营。"

每周，小米手机都有一次开放购买活动，每个月，小米手机也会进行一次较大范围的推广活动，这些活动吸引了大量用户的参与。

在举办活动之前，小米官网上都会更新相关信息，并提供微信二维码以及推广链接，方便用户直接在微信中购买产品。这样一来，小米手机的微信粉丝也就逐渐增多。

除了定期更新产品信息和活动详情外，小米手机微信平台上也有用户参与抽奖，奖品有小米手机、小米盒子等。这些活动都对小米手机微信公众账号的营销推广起了很大作用。

看完小米手机的微信营销案例，我们也从中总结出了两个非常靠谱的营销方法。

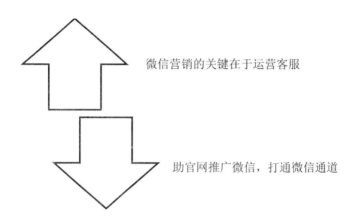

微信营销的关键在于运营客服

助官网推广微信，打通微信通道

◎ 很多企业只是看到微信营销表面的利益，只顾产品推广，不管用户体验，其实这是一种比较极端且偏激的运营方式。小米在早期运营微信时也存在迷茫，但后来他们有了一个明确的定位: 运营客服。小米微信公众账号每天接收到的信息量多达几万条，其中一部分是自动回复的，另一部分则需要人工解答。

小米很注重客服的创新模式，开设了"下午茶时光""课间小游戏"等板块，用户可以在这里享受到贴心的服务。用户体验满意，小米声誉也自然会蒸蒸日上，而粉丝数量多少的问题也就迎刃而解了。

■ 百事可乐：利用微信做活动营销

从2011年年底开始，百事可乐联手腾讯微信在广州举行了一系列活动，借跨年这一有利时机进行品牌宣传。在此期间广大微信用户参与活动之中，同时借助广州新闻媒体的实时报道，百事可乐收到了十分理想的活动效果。

2011年12月31日晚，腾讯微信携手百事可乐共同在广州举办"点亮广州塔"活动。新年倒数时，腾讯微信邀请广州全城的微信用户在城市里任何角落一同摇动手机，通过微信"摇一摇"功能，成为"点灯者"。

随着参与人数和摇动次数的增加，广州塔将被一格一格点亮。同时，广州电视台也对这一活动进行了现场直播。

无论是对于腾讯微信，还是对于百事可乐，这次合作都是一个大胆创新的尝试，并且十分契合腾讯微信本身的创新气质和倡导生活方式的理念，是一次典型的双赢之举。

百事联手腾讯微信的活动主要由三个部分组成，而且在每个部分都为参与微信互动的用户提供了丰厚的奖励，这无疑是吸引广大微信用户积极参与的巨大诱惑。

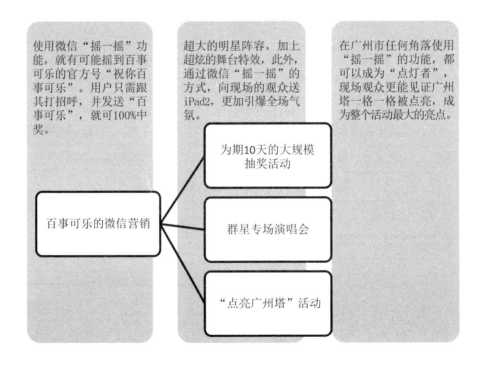

作为互联网营销的先驱者，以及多年来在数字营销方面的经验积累，百事深知一个好创意是品牌营销活动的基础，而一个富有活力、与品牌内涵高度契合的平台则是决定全局走向的关键。

微信正在成为青年人的新宠，这是不争的事实。因此，微信凭借其新颖的功能和广泛的用户基础，当仁不让地成为百事的营销首选。

本案例中参与的品牌、活动人群、活动玩法以及活动推广传播的方法，都和"时尚"紧密相连、环环相扣，得到了参与者的普遍认可。套用一句广告语，就是"大家好，才是真的好"。

■ 吉野家：微信用户放送优惠好礼，吸引大量粉丝

"民以食为天"，自古以来，餐饮业就一直是热门行业。而在移动网络发展迅速的今天，餐饮行业也渐渐走上了一条智能化、科技化的发展道路。如果你的餐饮企业还保持传统的营销理念和手段，那么很可能就会被那些后起的新兴餐饮企业所取代。

现在，人们已经习惯了用手机点餐、手机下单等。所以，作为餐饮业老板的你，必须要跟上客户的脚步。那么如何利用手机微信来经营和推销餐饮呢？

最重要的一点，就是要让用户吃出优惠好礼。下面我们看一下吉野家在微信营销方面的成功案例。

吉野家最注重的就是饭菜的品质和对客户的服务质量。多年来，也正是凭借着这两点，吉野家才被更多人所接受和认可。而吉野家不像那些老套不变的餐饮店，在移动互联网热潮来临的时候，吉野家也随之时尚起来。他们开通了微信，全面运用起了移动营销的模式。

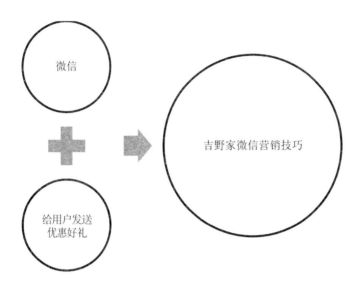

在微信营销这方面，吉野家做得最好的一点就是给用户发送优惠好礼，让用户在吃饭的同时，更能感受到商家的关爱。

如此一来，用户在微信上收到吉野家的信息时，本来自己做饭的心情恐怕都没有了，而是做好出门去吉野家就餐的准备。而且当用户就餐吃出好礼时，心情会格外好，说不定还会在手机上多多转发，那么吉野家就在无形之中有了很多免费广告。

很多餐厅也会送好礼，但它们大都会选择点餐满多少元即送什么菜，或者抽奖等大众化的送好礼活动。而吉野家却格外注重推陈出新，比如在2014年春节期间，吉野家就推出"说吉利话，送好礼"活动，吸引了大量用户关注。

另外，吉野家在元宵节期间还推出了一次"玩游戏"的送好礼活动。用户只需要输入几个字，出现什么吉野家就送什么。在这个环节中，很多用户都获得了令人意外和惊喜的大奖。

通过这些优惠送礼活动，吉野家在这一期间的客户倍增，而且大多数客户都是通过手机得到的这些优惠消息。所以，我们不得不说，微信营销为餐饮业带来了巨大效益。

梳理吉野家的案例，我们可以发现，吉野家营销关键点在于以下两点。

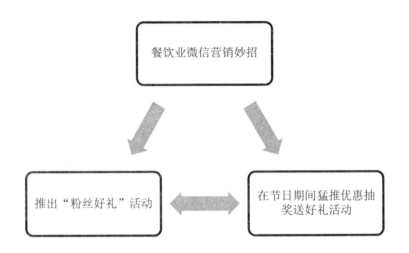

推出"粉丝好礼"活动

一个餐饮企业要想在微信营销方面做出突出的业绩，必须要在优惠送好礼方面下大力度，不要吝惜那些优惠，要让用户充分感受到商家的诚意，这样才能更加长久地留住老客户并不断吸引新客户。

在节日期间猛推优惠抽奖送好礼活动

就拿一家吉野家来说，普通日子里，每天早上前来消费的人数是30人左右，而在春节期间，每天早上前来消费的人数达到了近百人，这足以体现出节假日餐饮业的火爆。

节日期间，虽然人们外出就餐的机会较平日更多，但是大街小巷上的各类餐饮店实在是多如蚂蚁。因此，怎样让客户驻足在自家的店门前就是餐饮企业最关心的事情。

吉野家在春节等节假日期间就利用手机网络大力推出了抽奖送好礼等活动，吸引了众多用户驻足。

总之，作为餐饮店，在微信营销方面能采取的方式还有很多种，比如可以在手机上推出答谢新老客户大优惠、过生日特享优惠套餐等。

在这里我们不得不提的一点就是，企业无论采取什么措施来向用户送优惠，都要记住微信营销上的信息要与实体店的相一致。否则，会引发客户的反感，影响企业的口碑和信誉。

第 **3** 章

APP 营销与推广：粉丝经济最大化

打开智能手机会发现，每个人的手机中或多或少都有几个APP——移动客户终端。用户可以打开企业APP，在手机上选购产品、享受服务，甚至直接下单购物。商家还可以经常在APP中推出促销优惠和折扣活动，让用户能够足不出户即买到物美价廉的东西，这使得APP越来越受用户欢迎。所以，你还等什么，赶紧为自己的企业制作APP来赚钱吧。

什么是APP营销

对于商家来说APP是移动互联网营销的必备武器之一；而对于智能手机用户来说，APP也已经成为了他们的随身百宝箱。用户需要什么，就可以下载相关APP到手机里，随时随地拿来使用。

那么，到底什么是APP营销呢？

APP营销指的是应用程序营销，是通过特制手机、社区、SNS等平台上运行的应用程序来开展营销活动。

随着智能手机和iPad等移动终端设备的普及，如今，APP已经成为一个火爆的营销工具，看一组研究数据就知道了：在中国有81%的人在用智能手机上网，77%的人使用智能手机搜索，68%的人在智能手机上使用APP。

APP营销之所以火爆，主要是因为APP营销相对于其他方式的移动互联网营销具有以下优势。

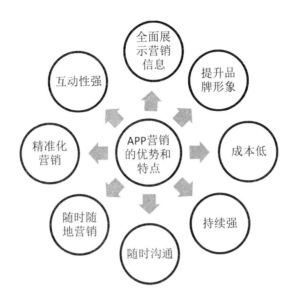

■ 全面展示营销信息

APP能够全面展示营销信息，让用户在没有购买产品之前就感受到产品的魅力，从而降低了对产品的抵抗情绪，通过对产品信息的了解，刺激其购买欲望。

例如，布丁优惠券APP囊括了市面上常见的优惠券信息，用户无需注册即可使用，首次使用APP还会自动定位用户当前所在城市，布丁优惠券APP会显示当前城市支持优惠券的商家，还会将支持电子优惠券和需打印后使用的商家分开，以便于区分，点击喜欢的商家就可查看其当前的优惠券信息。

■ 提升品牌形象

移动应用可以提升商家的品牌形象，让用户了解品牌，进而提升品牌实力。良好的品牌实力是商家的无形资产，为商家形成了竞争优势。

如今，全球各大品牌商已经意识到APP可以为其提供推广品牌、接触消费者，甚至销售内容的渠道。

媒体、商业服务以及汽车制造业在这一方面的认识更加深刻，并积极地把APP作为它们发布内容的渠道。

■ 成本低

APP营销的模式，其费用相对于电视、报纸，甚至是网络都要低很多，只要开发一个适合本品牌的应用就可以了，可能还会有一些推广费用，但这种营销模式的营销效果是电视、报纸和网络所不能代替的。

■ 持续强

一旦用户下载APP到手机或在SNS网站上查看，那么持续性使用就成了必然。APP营销抢占的就是用户的这种零散时间，只要不是用户主动删除，APP就会一直待在用户的手机里，品牌就有了对用户不断重复、不断加深印象的机会。

■ 随时沟通

通过APP可以及时在APP上下单或者是链接移动网站进行下单，并及时进行交流和反馈。利用手机和网络，易于开展制造商与客户之间的交流。客人喜爱与厌恶的样式、格调和品位，也容易被品牌一一掌握。这对产品大小、样式设计、定价、推广方式、服务安排等，均有重要意义。

■ **随时随地营销**

传统的购物模式需要有足够的时间并且在商业地段才能进行，到了传统的PC互联网购物时代，只需要在有电脑的地方即可进行购物，但电脑不可能随时带在身上。而移动互联网具有的超越时间约束和空间限制进行信息交换的特点，使得脱离时空限制达成交易成为可能，商家能有更多的时间和更多的空间进行营销，可每周7天、每天24小时随时随地提供全球的营销服务。

■ **精准化营销**

通过可量化的精确的市场定位技术突破传统营销定位只能定性的局限，借助先进的数据库技术、网络通信技术及现代高度分散物流等手段保障和顾客的长期个性化沟通，使营销达到可度量、可调控等精准要求。

■ **互动性强**

APP营销还具有互动性强的特点。例如，用户可以利用地图定位功能查看商家具体位置或拨打商家电话；用户在购物时可以在线查看他人对某件产品的评价，并发表评价等。

随着移动互联网的兴起，越来越多的互联网企业、电商平台将APP作为营销的主战场之一。

如何设计出让用户喜欢的APP

利用APP营销，首先得让用户喜欢上你的APP，这样他才能点进去观看APP里的东西。试想，一款看上去不怎么样、不能让用户随意点击的APP怎么可能赢得点击呢？所以，下面就来介绍一下如何设计APP才能给用户带来丰富的视觉体验，让用户喜欢上这款APP。

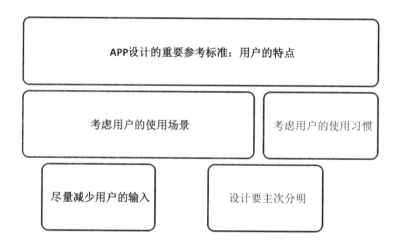

■ APP设计的重要参考标准：用户的特点

纵观所有的APP，几乎没有一款APP是全方位的、能够满足所有人的需求。所以，设计APP时，首先要根据用户的特点来确定APP的风格。同时，它也是APP设计时的参考标准。

比如，你要设计一款学习APP，那么你的用户可能是学生，设计APP时就要偏卡通一些，操作不能太复杂；如果用户群是大学生，那么设计风格就要个性化一点。总之，用户的特点是APP设计的重要参考标准。

▪ 尽量减少用户的输入

手机虽然易携带，但是输入方式并不像电脑那么容易，也没那么快，所以APP在设计时，尽量不要让用户有太多的输入，如必须要使用输入的话，要提供有价值的参考。

例如，手机地图以及一些本地服务类的应用软件，在用户输入一半内容时就会给出相关结果。

▪ 设计要主次分明

将主流用户最常用的20%功能进行显现，其他进行适度的隐藏，越不常用的功能，隐藏的层级越深。

例如，微信虽然在近两年有诸多理财功能出现，但作为一款社交软件，社交功能还是摆在了最明显的地方。

▪ 尊重用户的付出

这一点很容易理解，举个简单的例子，微信的消息在没联网的情况下发送会显示叹号并将消息保存在手机端，联网后只需重新发送即可，不需要重新键入信息。新浪微博在网络不好的情况下进行转发或评论，相应的信息也会自动保存在草稿箱，联网后操作一下即可。

■ APP设计的两大原则：使用场景，使用习惯

在设计APP时有两大原则是营销者必须遵守的，这两大原则如下图所示。

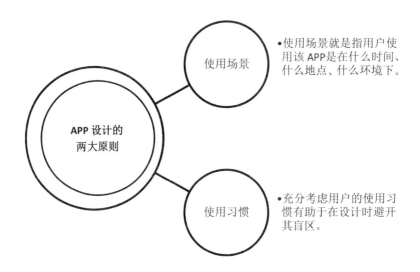

用户使用场景设计很好理解。例如，打车软件的用户经常会在路边或大街上使用，这时候的干扰源就是噪声，产品在设计时应避免使用语音技术；用户经常在拥挤的环境中使用产品，则产品设计时应避免用户过多地进行输入操作。

使用习惯就是拿手机的时候是双手握还是单手握，单手握的时候是右手操作还是左手操作，操作的时候用哪个手指就能进行操作等。

其实，对于如何设计出让用户喜欢的APP还有很多方法和策略，但不管哪种方法，都离不开上述几点的辅助。所谓万变不离其中，大致就是这个意思。

如何运营APP

俗话说"守业更比创业难"，APP营销重要的不是开发出实用的APP，更重要的是如何运营。

■ 什么是APP运营

APP运营是指网络营销体系中一切与网站的后期运作有关的工作，主要包括以下几个方面。

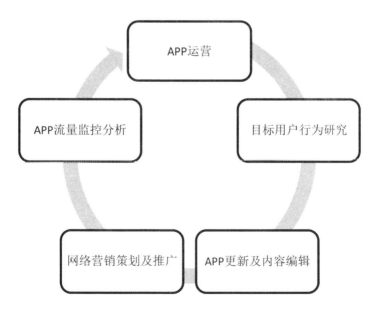

如果按照分工和种类进行细分，APP运营可以分为以下5个方面。

◎ 基础运营：维护产品最基础的运作，如更新产品、修改产品等。

◎ 用户运营：维护用户，和用户沟通互动，提高用户活跃度，从而增加用户数量。

◎ 活动运营：针对用户的浏览记录和需求，策划一些活动，通过数据分析来监控活动效果并适当调整活动，从而提升KPI，实现对产品的推广运营作用。

◎ 内容运营：维护产品的内容，包括整合、推广、指导等。

◎ 渠道运营：通过商务合作、产品合作、渠道合作等方式，对产品进行推广并输出。

众所周知，有了运营推广，如果没有数据来反馈，那就等于一只无头苍蝇在乱撞。哪个推广效果最好？哪个渠道最有利？哪类活动最能吸引用户？这些都需要有数据做支撑。

那么，在APP运营推广过程中，哪些数据指标可以更好地指导工作呢？主要包括以下几个指标。

当然，因产品阶段的不同，其所关注的数据指标也会有所不同。例如，在APP推出的初期，需要更多关注下载量和用户数；之后，会比较关注活跃用户、留存率、转化率等相关数据。

■ APP运营的3个阶段

如今，市场上的APP络绎不绝，每个新的APP出来时，都要进行一场疯狂地推广，在获取新用户上面更是不惜血本拼尽全力。然而，很少有商家把心思放在APP运营上面，或者很多APP根本就是纯推广无运营。下面就来介绍一下APP产品运营过程的3个阶段。

◎ APP上线前：弄清楚APP定位及目标用户。APP的定位和目标用户决定了APP的设计风格和服务体验。同时会影响后续产品运营的策略。毕竟，产品往往只是解决一个固定人群的需求，而不是一个普遍存在的需求。在这个阶段，产品和运营应当配合得足够默契，制订好符合产品的上线计划。

另外，APP运营要做好必要的准备工作，比如安卓渠道，包括百度手机助手、360手机助手、应用宝等，都有新品首发。了解各大渠道的首发规则，并沟通、预约好排期。

◎ APP内测期：收集用户的行为数据。在这个阶段，产品运营的主要目的在于收集用户行为数据和相关的问题反馈，和产品策划一起分析讨论并进行产品优化。主要关注数据有：页面路径转化、按钮点击、启动次数、启动时间段、停留时长等。

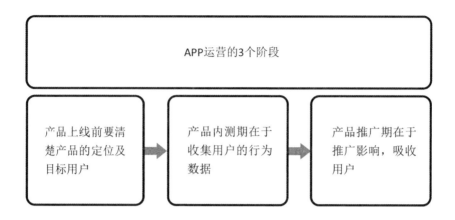

◎ APP推广期:吸收用户。产品本身性能以及体验没有问题以后，接下来就是产品开始大规模推广的重要时机了。推广期的主要目的在于扩大影响，吸收用户。这个阶段首先要做的就是铺量，覆盖各大渠道，如果预算足够，可以适当进行一些渠道的投放。

在这个阶段，如果能够配合各种资源多管齐下，用户量能有爆发是最好的了。同时，这个时候用户群规模还比较小，品牌知名度不高，用户最关心的就是，你这个产品帮我解决了什么问题，这时候就需要推广功能，把用户最大的需求点展现出来。

■ APP运营的关键：活动策划

在APP运营里，最重要的一个步骤就是：进行活动策划。用户是否下载APP，就要看商家的活动是否能吸引他们的眼球。创意的收集是有很多途径的，当一个活动有了创意、目的和预期目标后，就需要对完整的活动进行策划。

那么究竟该如何根据APP的特点来策划一场APP运营呢？其实只要掌握以下策划要点，大部分问题就能够迎刃而解了。

借鉴	寻找事件热点	找准时间点
• 需要多借鉴同行业里别家做的营销活动，看得多了就能明白活动设计的整体思路，以后自己做活动的时候也能获得足够的经验了。	• 事件热点是玩得比较火的，一不小心就上了头条。例如，汪峰上头条，杜蕾斯的文案等，都是民众愿意关注的事件，如果这些素材运用得好，说不定就能引爆活动了。	• 在时间节点上做活动是最常用的，并且也是最容易被用户认可的，这里有法定节日、季节变化，还有人造的节日、店庆、体育赛事等。

除此以外，活动的创意来源有很多，但是如果平时不注意积累，等到用时就会发现想不出好的创意。作为一个APP营销者，需要每日不断地去关注这些创意来源，要多读、多看、多想，总有一天创意就会源源不断地冒出来的。

如何推广APP

现在的APP是越来越多，推广也是越来越难，很多商家在设计出一个APP时，都会面临推广的难题，下面就是APP推广的方法，一个新的APP刚出来，无论有没有预算都可以按照这样来做。

首先，在推广APP前，必须知道下面三个问题。

APP是做什么的	用户是谁	用户在哪里
设计一个APP，需要在最短的时间内弄清这个APP是做什么的，它的核心功能是什么。	知道APP的用户是谁，才能分析这类用户的消费能力、群体特征，还有日常需求，进而更好地改进产品，满足用户的需求，同时还可以为前期的市场推广提供参考。	当知道了用户是谁，方便制定符合用户群体特征的方法；当有了方法，还应该知道你的用户在哪里；知道了用户在哪里，才能有的放矢，进而撰写更加有效的营销策略。

所以，推广一个APP之前，一定要做个前期的产品分析、用户调研和定位，然后有步骤、有计划、有策略地进行APP推广，进而做到推广战略上的胜利，做到弹无虚发。

下面就是推广新的APP的详细方法和步骤。

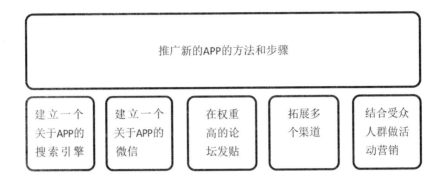

■ 第一步：建立APP的搜索引擎

当你设计出新的APP时，网络上关于这款APP的信息一定是空白的。也就是说，用户搜索这款APP时，不会出现任何关于这款APP的信息。所以，推广新APP的第一步就是建立APP的搜索引擎。这样，有用户搜索的话，可以从网络上更详细地了解这款APP。

当然，搜索引擎不一定仅仅只是"度娘"，可以在各种搜索引擎网上建立你的词条，建立的越多越方便用户快速地搜索到。

建立搜索引擎看似是一个很简单的事情，其实不然。有的搜索引擎看起来简单明了，有的看起来一头雾水，这里面也是有技术含量的，所以建立搜索引擎时一定要遵循以下原则。

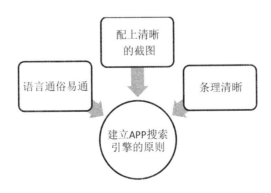

■ 第二步：建立一个关于APP的微信

　　微信是一个大众化的产品，很多人的手机上可能都装有微信，当用户从搜索引擎那里了解商家的APP之后可以很轻松地通过微信关注你，和你互动，包括信息反馈。

　　讲到这里，会有人说用户可以通过APP里的"留言反馈"和你互动。大错特错！很多用户在不了解一个APP之前是不会轻易下载的，除非这个APP是非用不可，而且很多APP的用户反馈都藏得很深，用户一般找不到。

　　相反，通过微信，用户可以实时了解商家，好的微信内容还会引起用户的转发和扩散，这些都是建立微信的好处。

■ 第三步：在权重高的论坛发帖

　　通过搜索引擎和微信的信息填充，一个APP算是有一定的品牌基础了，接下来就是在论坛发个帖子。在写贴子时要用心一些，从用户的角度出发，让用户看了觉得非常有用才行。

　　帖子写好了，就要找权重高的论坛发贴。权重高的论坛搜索引擎的抓取速度是最快的，一般是一分钟之内抓取，建议发至20~50个论坛。

■ 第四步：拓展多个渠道

　　前面三步都是提高APP曝光率和传播力，接下来是拓展渠道。

　　把新的APP上传到各种应用商店和软件下载网站上，拓展多个渠道。目前的渠道很多，可以根据类别进行分类，同时发掘一些新的渠道。

渠道是"能给APP带来展示和下载的网络媒介"，渠道不是只指那些APP商店，比如有些公交车的免费WIFI也提供APP下载，就是你的渠道，另外一些微信粉丝比较多的应用自媒体，经常会推荐一些APP，也能为你的APP提供一些下载量，这些都是你的渠道。

■ 第五步：结合受众人群做活动营销

前面说了那么多，都是免费推广APP的一些方法，当然如果有一点预算的话，可以做一些活动营销，花费不会很多，可以在论坛、在渠道做一些活动。做活动营销时需遵循以下原则。

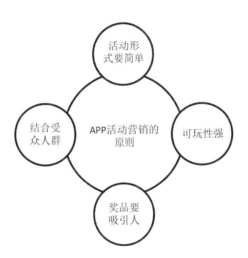

活动营销要和APP属性相结合，找到特定人群。比如做女性APP的，可以在校园里办活动，也可以在线上的女性社区办活动；做旅游APP的，可以和一些旅行社合作；等等。做活动营销一定要和受众人群合作。

以上五步都是一个APP的推广思路和方法，在推广APP的时候要视野宽泛、举一反三，切不可思维定势。

如何让用户心甘情愿下载和安装你的APP

想要让用户心甘情愿下载和安装你的APP，就必须给用户一点好处，这样用户才能进入你的空间，有机会在你这里实现消费。而如果你没有进入消费者视线，即便你的客户端打造得再华丽，也是华而不实、徒劳无功。

一汽大众公司推出高尔夫7系列产品时，曾经就做了这样的宣传：下载并且安装APP应用，可以在"驱动高尔夫"版块通过360度观车功能欣赏这款汽车的高端外观和内在品质特写，还可以在"精品欣赏"中免费下载这款汽车的高清壁纸、观赏高清广告、获得全新高尔夫神秘大奖等。经过宣传，该企业的APP下载量在短时间内得以突飞猛进。

与一汽大众相类似的还有搜房APP。搜房网在2013年3月底推出了一项"下载APP，赢取风扇"的惊喜活动。用户只需要下载搜房网的APP，并且转发搜房网的客户端信息，就有可能免费赢取一台电扇。

一汽大众APP和搜房APP的这种获神秘大奖、免费奖品等活动也为更多企业提供了参考。想要吸引用户访问商家APP，就需要给用户送上点甜头。而关键就在于这个甜头该如何给呢？下面有两个方法可以参考。

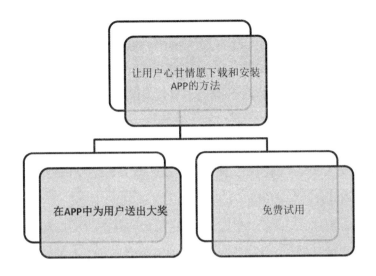

■ 方法1：在APP中为用户送出大奖

手机APP想要完胜电脑网页，就需要给用户送上在电脑网页上不曾得到的惊喜或者大奖。比如可以根据智能手机的"摇一摇"特点，在商家APP中设置"摇出大奖"版块。只要用户下载和使用APP，就可以每天免费参加"摇一摇"的活动。用户通过这个活动，就可能会获得惊喜大奖或者代金券等。

在乐蜂网的APP首页中，就可以看到"摇一摇"的版块，只要打开这个版块，就能够获得每日三次"摇一摇"的机会，用户可能会获得百元代金券或者神秘好礼。

通过这种方式，乐蜂网的APP的确吸引了大量用户聚集，而且很多用户在摇到大奖之后还会向周围的朋友、同事推荐这个APP。这样也大大增加了乐蜂网APP的下载量。

■ **方法2: 免费试用是一种有效的推广方式**

　　商家为了能够让用户更多地关注和下载APP，还需要在APP中推出新鲜体验，让用户有不同的感觉。如果送好礼、送现金券还不能满足一些人群的需求，那么免费试用可能是一种有效的推广方式。比如一淘这个为用户推送精美优惠产品的网站，就在APP上推出了免费试用版块，以此来吸引用户下载和使用一淘APP。

　　总之，商家在宣传APP时，要抓住用户向往惊喜的心理。比如一淘的这种"免费试用"、梦芭莎的半价秒杀等都抓住了人们的心理需求。不要像一些浮夸的商家一样搞一些虚假的表面文章，这样只会让商家声誉受损。

APP营销案例解析

APP的营销由技术和内容两部分构成，拥有量级用户的APP对内容营销更是显得尤为谨慎。但是初衷与结果之间并不存在着一定的对应关系。下面整合四个著名的APP营销案例，希望可以给大家一些有益的启示。

■ Durex Baby：深度创新互动，激活潜在需求

APP名称	Durex Baby（杜蕾斯宝宝）
平台	苹果、安卓
品牌商	利洁时集团
服务公司	斯滕爽健贸易（上海）有限公司

如何才能说服男人使用套套，并使用杜蕾斯套套？最具说服力的理由一定是"我怀孕了"。杜蕾斯出品的这款APP名叫"Durex Baby（杜蕾斯宝宝）"，让不负责的男人们提前感受抚养小孩的烦恼，体验为人父母的艰辛，意识到享受生活而不带套的严重后果，以提高人们使用安全套的意识。

不可否认，这款极富创意的APP不仅倡导了良好的日常生活习惯，也宣传了企业的生产理念。

这款软件界面简洁，易于操作。只要两部手机都下载了Durex Baby APP，把它们贴合在一起，上下反复运动一番后宝宝就诞生了。

值得注意的是，即使是在这个上下运动的过程中，Durex Baby APP也不忘提醒你：请上下律动约60次，不要嫌时间长，这是正常人的平均体能

水平，坚持不了？考虑一下"杜蕾斯持久装"。

我想大家都不愿意被无情鄙视吧，如此巧妙地植入了杜蕾斯产品信息，显得合情合理而又幽默风趣。

杜蕾斯在腾讯和新浪的官方微博粉丝数双双超过20万，是同类品牌微博粉丝数量的十几倍。据估计，杜蕾斯官方微博在一个月内的曝光人次可达1.3亿。

杜蕾斯总能敏锐把握热点信息，机智地推出与品牌定位契合的、幽默有趣的原创微博来吸引粉丝参与互动。

例如，"北京今日暴雨，幸亏包里还有两只杜蕾斯，有杜蕾斯下雨不湿鞋"，看后让人不禁喷口大笑，直呼有才的微博才会产生更广泛认可的影响力。

可以毫不夸张地说，杜蕾斯官方微博本身已经成为一个强大的传播媒介，成为业界公认的微博明星，在其品牌营销中功不可没，在Durex Baby APP的推广中自然是前锋。

杜蕾斯一直致力于与消费者零距离沟通，每半小时进行一次关键词搜索，以便及时找到粉丝对杜蕾斯的评论，不错过任何一个与粉丝交流的机会。交流语言生动有趣、倾注情感，让消费者意识到杜蕾斯不只是一个品牌，更是一个活生生、有个性的人。

杜蕾斯成功运作APP移动应用的营销经验可以从以下几个方面来理解和阐释。

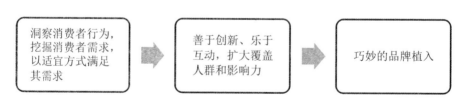

◎ 依托事实，巧妙转化需求。Durex Baby APP没有枯燥的文字，也没有正面的说教，更没有单方面的强迫，只是巧妙地把后果以一种娱乐化的

形式展现，让用户更深刻地预先体会到不使用杜蕾斯的后果，当然最后还是由用户自己选择。Durex Baby APP悄然改变着用户观念，进而改变消费行为，最终指向品牌。

◎ 创新互动，微博推广需求。一直以来，杜蕾斯利用微博互动和制造网络话题等方式不断提高知名度和关注度。杜蕾斯将其官方微博定位成有点绅士又有一点坏、很懂生活又很会玩的人，就像夜店里的翩翩公子。在这里，杜蕾斯最重要的职责就是聆听，迅速获得用户的反馈并做出反应。让用户感到有趣，才能获得更好传播，这是社交媒体朴素真实的道理。

◎ 但是也要注意到品牌商业化炒作使电视、电影中掺杂着越来越多生硬的广告信息，不仅降低了影视作品质量，更让消费者产生了品牌厌烦感。

品牌植入可以增加品牌认知度，吸引潜在消费者，但过犹不及只能适得其反。在Durex Baby游戏和视频中，杜蕾斯完全没有进行产品信息的植入，仅仅是在游戏关闭的时候，合情合理且幽默风趣地告诉人们要有使用安全套的意识。

Durex Baby APP只是让你知道，抚养宝宝是多么不容易，需要付出多少耐心和爱心，这是一种责任和人性价值的传播。恰到好处、适可而止的温馨提示，让人印象深刻，感觉真诚，进而认可品牌。

■ Early Bird：用户体验和APP营销双剑合璧

APP名称	Early Bird
平台	苹果、安卓
品牌商	星巴克
服务公司	Starbucks Coffee Company

在今天这个体验为王的时代，用户体验无疑能够决定商家产品甚至是其生死存亡。要想给予用户好的用户体验，商家需要关注细节，真正了解用户需求和用户习惯，并与产品相结合，给用户带来惊喜。同时，近年来，一种彰显"用户体验"与"互动参与"的新的营销方式越来越受用户喜爱——APP营销。

那么，如果一个真正关注用户体验的产品与APP营销结合，会摩擦出什么样的火花呢？

星巴克就推出了这样一种应用——Early Bird。这是一款别具匠心的闹铃APP，在设定的起床时间闹钟响起后，用户只需按提示点击起床按钮，就可得到一颗星，如果能够在一小时内走进附近任意一家星巴克实体店，就能买到一杯打折咖啡，迟到作废。

在Early Bird中，星巴克深刻宣扬了其"一切与咖啡无关"的思想，关注了广大用户的真正需求——需要闹钟却没有起床动力。由于其良好的互动性和体验性，这款APP一经推出就获得了众多好评，使得星巴克品牌更加深入人心。

Early Bird一经推出就吸引了众多星巴克粉丝，同时也获得了诸多好评，众多商业营销人士和机构对其赞誉有加，将其视为成功案例典范。

中国物流与供应链管理高端联盟理事、汉森世纪供应链管理咨询总经理黄刚就表示，千万不要小看这款APP，它让你从睁开眼睛那一刻便与这个品牌发生关联。

而IT界名人李开复则评价说，企业微博和APP的通病就是把传统世界的一切做个大搬家，而完全忽视了用户的需要。Early Bird是一个成功以用户需求为主角，让商业诉求扮演配角的案例。

与这么多的手机APP相比，Early Bird如何吸引和打动众多挑剔的用户呢？主要体现在以下两个方面。

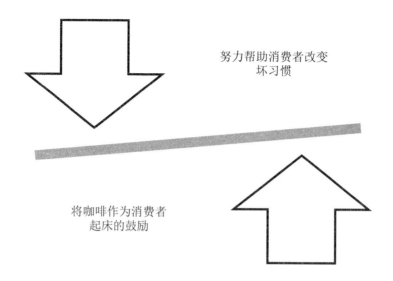

努力帮助消费者改变
坏习惯

将咖啡作为消费者
起床的鼓励

◎ 星巴克认真观察消费者的生活习惯，深刻分析消费者通过闹钟想要实现的目标是不再赖床。很多人都有闹钟或者闹钟APP，但是很多人仍然有起床拖延症，闹钟响后会反复按下推迟键，不到最后一秒坚决不起床，原因主要是没有起床的动力。星巴克很好地抓住了这一点，并将其融合到其应用Early Bird中，通过一杯美味的5折咖啡诱惑消费者起床。消费者起床后，不仅能够获得一杯美味咖啡，而且长此以往自然会改掉起床拖延症这个坏习惯，有利于养成良好的生活习惯，提高精气神。

◎ Early Bird要求消费者在起床一小时内到达任一星巴克即可获得一杯5折咖啡。这种方式是以奖励形式让消费者主动争取这个折扣，这对于被动地接受广告的消费者而言是一种新奇的体验。如果星巴克直白地跟消费者说"你早上过来买东西，我给你打折"，我们有理由相信，这样做广告远远达不到Early Bird的效果。

要想获得长远的发展，必须拥有好的用户体验的产品和最接近消费者的营销工具。对于好的用户体验，营销者必须在认真观察消费者真正需求的基础上，将其融入到产品中；对于最接近消费者的营销工具，营销者需要时刻关注消费者接受信息的方式。未来一段时间，将会是好的用户体验和APP营销双剑合璧、大放异彩的时代。

■ 脸萌：上线3个月就火起来的原因

APP名称	萌萌哒
平台	苹果、安卓
品牌商	MYOTee
服务公司	未知

2014年，"萌萌哒"头像火爆朋友圈。MYOTee脸萌是一款非常有趣的拼脸软件，即使你不会画画，也可以轻松制作你的专属卡通形象。

脸萌APP于2013年年底上线，真正火起来则是上线3个月之后的事。其间，脸萌运营团队究竟做了什么？下面从数据统计层面来解读这款APP火爆背后的运营故事。

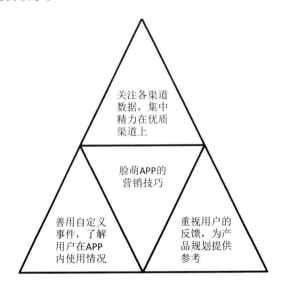

◎ 善用自定义事件，了解用户在APP内使用情况。除了日常数据的查看，脸萌使用频率最高的就是自定义事件——了解用户在应用内的使用情况。在产品最初增加分享功能的时候，团队预想用户会将拼图分享到朋友圈等公共社交平台。但通过自定义事件的调查数据发现，70%的用户更倾向于点对点分享。例如，将自己的一个头像直接发给QQ好友或者微信好友。分享到朋友圈、QQ空间等社交平台的比例仅占20%。

通过这一数据，脸萌团队明确了产品改进方向，在产品规划中开始考虑优化点对点分享的功能。

◎ 关注各渠道数据，集中精力在优质渠道上。运营团队会根据每个渠道的多个指标来对比渠道的优劣，筛选出作为合作的主要渠道。通过友盟的新功能"渠道对比"能够很方便地在同一个页面对比渠道的多个指标的数据，从而了解哪个渠道的用户在应用中停留的时间较长。

通过新老用户所占比例可以了解到不同渠道带给应用的用户的成分。如果老用户占比最高，但是次日留存率的水平中等，运营推广人员就可以推断出该渠道带来的新用户少，新用户质量一般。相反，老用户占比低且留存率较高，说明这个渠道给APP带来的新用户多且质量高。

◎ 重视用户的反馈，为产品规划提供参考。用户反馈是目前脸萌进行产品规划的主要依据。之前有很多用户反馈想要"双人"模式，把自己和好友拼到一起，2014年6月份脸萌就发布了含"双人"模式的版本，用户可以拼情侣头像。"双人"模式发布后，用户反馈最多的需求是需要更多的素材和此前拼图的历史记录。

通过以上脸萌的成功营销让我们看到了以下几个重要元素。

从目前排名靠前的APP来看，简洁是最大的特色，脸萌之所以受欢迎，也是契合了这个需求。同时，脸萌也切中了90后追求个性化和二次元的刚性需求。未来脸萌的规划是想要实现"更好、更快变现模式"。

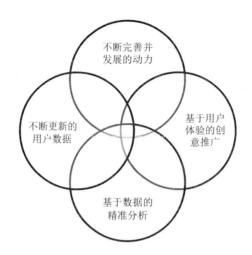

■ 蓝色驱动：用社会责任营销将品牌植于每一位的心里

APP名称	蓝色驱动
平台	苹果、安卓
品牌商	大众汽车
服务公司	Volkswagen（China）Investment Co., Ltd.

　　微信营销不是一个新话题，但是利用科技力量将企业的社会责任、品牌策略和营销目的结合在一起，尤其是运用APP加入一些娱乐性、功能性较强的体验元素，则让人耳目一新。

　　大众正是很好地把握了这一点，将温室效应导致冰川融化而使北极熊面临无家可归的威胁这一生态问题，巧妙地与减少轿车尾气排放联系到一起，通过推出一款名为"蓝色驱动"的APP来帮助改善北极熊所面临的困境。

　　"蓝色驱动"是一款帮助用户改善驾驶行为的手机应用软件，程序会根据GPS系统定位到用户位置，之后画面中会出现一只站在冰块上的憨态可掬的蓝色小北极熊，伴随车主驾驶而左摇右晃，监测车主的驾驶时间、距离、速度、加减速操作等多项指标。

　　当用户完成驾驶后点击停止，以上数据都会被记录下来，应用程序会根据用户的驾驶表现计算出用户的环保得分，并对上传的数据进行分析，给出相应的建议，还会为用户量身定制减碳省油小贴士。这款APP以有车族为针对目标，在提倡节能环保的同时，帮助用户轻松应对油价上涨的问题。

大众汽车为了推广"蓝色驱动"这款APP，开展了一系列形式多样、内容丰富的精彩活动，活动有效结合了付费媒体、自媒体和免费媒体三方媒体。除了通过大众汽车官方主页、大众汽车等网站进行传播，还通过开心网、人人网等SNS社交网络主页、"大众自造"和部分手机网页的广告吸引受众参与，其中开心网拥有多达250万人庞大的大众汽车粉丝群。除此之外，大众还重磅推出多个线下体验活动，推广"Think Blue. 蓝·创未来"理念，促进"蓝色驱动"APP的传播。

大众先是为这款APP设立了专门的网站，不仅用丰厚的奖品来激励人们下载使用，还展开了相应的宣传，在网页中不仅可以随时下载APP、追踪你的驾驶行为记录，还提供了一个"造冰救北极熊"的小游戏，游戏过程中还可以与其他玩家PK，赢取奖品。据统计，截至2012年6月，活动页面总PV达到了10万次，逾30万人下载了这款APP。这些活动使得大众品牌得到了良好的宣传推广。

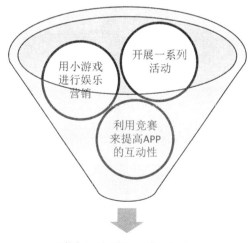

"蓝色驱动"的APP营销技巧

此外，"蓝色驱动"APP还喜获2012年FWA的Mobile of the Day（MOTD）奖项。这是大众汽车在中国赢得的第一个FWA奖项，也是自FWA成立12年以来，中国区第三个获得MOTD奖项的手机应用。FWA（Favorite Website Awards）不仅是最受喜爱的网站奖项，也是业内公认的权威评奖平台。FWA只会关注顶尖科技和出色创意，展示全世界出色的互动作品，被称作互动专业人士的灵感来源，是有史以来访问量最多的活动奖项平台。

"蓝色驱动"APP正是抓住了消费者关心用车成本的心理，引入PK竞赛机制来增强应用的趣味性，提供分享交流的平台来提高APP的互动性，并在推出和传播的过程中，自然而然地将整个活动提升至勇于承担社会及环保责任的高度，可谓巧妙而富有创意。

产品售出并不应该是品牌营销的终点，帮助车主改善驾驶习惯并减少碳排放是大众中国品牌传播更高的诉求。"Think Blue. 蓝·创未来"，不仅仅是一个宣传口号，更是大众的承诺与行动，它宣扬一种新的生活方式，让你的生活更绿色、更环保、更安全，也更具责任。虽然各大汽车品牌都在努力实践社会责任，但能够像大众这样将企业社会责任做成一个系统而内涵丰富的体系，并且完美根植于移动应用之中的企业，着实是凤毛麟角。

第 **4** 章

二维码营销：扫一扫

就像每个企业都有一个独特的logo，你的企业也可以拥有一个独特的二维码，二维码里装着企业文化、产品理念和人文关怀，别人扫描二维码，就可以看到企业的丰富展示。

什么是二维码营销

随着科技的发展，相信你已经知道什么是二维码，所以在这里就不对二维码的理论知识进行介绍。本章主要是告诉你二维码营销的相关知识和技巧。所以，首先我们来普及一下，什么是二维码营销？

所谓二维码营销，是指通过向消费者传播二维码图片，吸引消费者扫描二维码，通过扫码后推送的信息来推广相关的产品资讯、商家推广活动，刺激消费者进行购买行为的营销方式。

二维码营销与手机紧密结合，只要用智能手机上的二维码扫描软件扫一下二维码，立刻可以把用户从其他媒介上带到手机上进行下一步操作，降低用户在手机上获取信息的门槛。

目前很多智能手机都自带二维码扫描软件，或者微信里带有二维码扫描功能，可以说只要有智能手机，就可以扫描二维码。

二维码营销不但简单，而且充满了趣味性，让营销活动和广告不再是单方面的信息传递。二维码本身可以与广告中的元素巧妙结合，当有吸引消费者扫描的亮点时，可以给消费者提供新奇有趣的用户体验。

二维码营销的作用不仅限于引导消费者关注、购买、下载APP这么简单，它可以做的事情与你的脑洞相关，如果你的创意无穷，你的二维码营销的潜力也是无边无际的。

那么二维码营销到底有什么好处呢？我们可以从以下三个方面去感受。

信息传达物美价廉	营销便利	对营销效果进行评估
• 应用范围广 • 放置范围广	• 延伸广告的空间范围 • 线上线下活动结合更紧密	• 用户访问行为可记录 • 用户特征可跟踪

■ 信息传达物美价廉

二维码营销是一种物美价廉的信息传达方式，因为二维码的应用范围几乎没有限制，买票、订座、关注、团购等等，应有尽有。

而二维码可以放置的范围也非常广泛，比如宣传彩页、网页、名片、卡片、门口等多个地方，制作费用不高。现在很多企业的名片、宣传彩页、宣传册、网站首页都附带有各种各样的二维码，不影响美观，又达到了宣传的目的。

■ 营销便利

通过二维码，线上活动和线下活动可以有效地结合起来，给活动的组织带来很大的便利。以往线下线上结合时，需要输入网址、关键词等，而随着智能手机的普及，二维码的使用非常方便。

二维码的出现也极大地扩展了广告的空间范围，比如户外广告的海报范围有限，能展示的产品信息受到限制，而二维码弥补了这一不足。用户在户外扫描二维码就可以获取详细的、丰富的产品信息，而这些信息是可以经过企业的精心设计，比如产品信息包括用户评价、晒单等，效果就会更好。

可以让用户直接进行购买行为的二维码对企业大有裨益，用户扫码了解产品信息后，企业趁热打铁，为用户下单提供极大的便利，减少阻碍，用户的下单率就会增加。

■ 对营销效果进行评估

对营销效果进行评估是二维码营销非常大的一个好处，对大多数商家来说也十分必要。

将二维码放置在广告海报、广告宣传中，用户如果对二维码进行扫描、通过二维码点击相关链接，企业都可以在后台进行监测，包括访问时长、在不同页面停留时间、访问总量、访问方式、访问时间、访问地点等等。并由此分析广告在不同区域的效果，用户看到产品信息之后的行为，进而对广告效果进行评估，为后期广告方案制作（广告位的选择、投放时段、媒体组合）提供借鉴。

不仅如此，企业还可以通过二维码跟踪访问者，比如访问者的手机机型、选择套餐类型，在精准营销时将更专业、更有针对性。

二维码不是新出现的事物，但随着智能手机的普及，利用二维码营销却正当时。有这么好的方式，为何不加以挖掘，好好利用呢？

如何制作二维码

制作二维码需要一种叫做"二维码生成器"的工具，也就是一种二维码生成的软件，其工作原理是利用1和0排列成的数字矩阵，从而产生校验功能。

如今，网络上免费的二维码生成软件已经非常普遍，所以要制作一个二维码可以通过网络来免费完成，步骤如下：

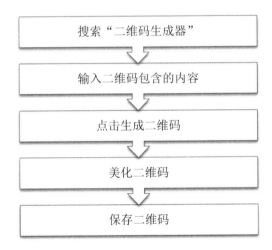

（1）打开浏览器搜索"二维码生成器"。页面会出现很多二维码生成软件的网站。

（2）打开一个在线制作二维码的网站，页面会出现输入二维码包含内容的对话框，在对话框中输入你想包含的内容（也就是用户扫描二维码之后看到的内容），比如一段文字，一个网站链接，一个页面链接，一个名片，文档、文件、APP等。

（3）输入内容之后，点击生成二维码即可。

（4）生成的二维码可以加以美化，比如添加logo（可以是企业logo，也可以是个人图片），更改颜色，以及一些其他的美化。这个可以根据需要来设定。

（5）将鼠标放在生成的二维码上，点击邮件，会出现一个列表。在列表中找到"图片另存为……"，就可以将二维码保存。

一个二维码就这样生成了。

设计高颜值二维码

二维码是一个工具，是一个活动的入口，很多企业觉得活动是最关键的，二维码的美丑无关紧要。

的确，一个由几何图形组成的小迷宫不过扮演着工具的角色，但即使是这样，如果这个角色颜值很高，同样可以起到事半功倍的效果，尤其在这个看脸的社会和时代。

一项调查显示，现在二维码随处可见，黑白相间的方正型二维码已经很难引起用户的注意，比如在车站、商场，普通的二维码往往被无视。而一个有设计感的二维码却可以让用户眼前一亮，加上有创意、有趣的活动，用户扫码的几率会大大提高。

而小小的二维码图案也给设计人员预留了30%的冗余代码空间，让设计人员有发挥的空间去设计有特色的、别具一格的二维码。

那么，怎么让二维码充满设计感呢？

产品型	故事型	元素型
中心替换	色彩搭配	单位元件再造

■ 产品型

如果你的产品有特点，你可以将二维码设计成产品的形状，将其展示在入口处或者等待处供人扫描。德国一家网上玩具商店利用乐高拼出一个二维码模型，一方面引导用户扫码登录网上商店，另一方面也以形象的方式展示了乐高玩具，促进了玩具销售。

■ 故事型

用二维码讲述一个故事，先设计一个讲述故事的简单图片，再用几何图像把图片简化，进而制作出故事型的二维码。

■ 元素型

根据你的活动或者企业需求，把企业元素融入到二维码中，比如制作一个中国结的二维码，制作一个蝴蝶型的二维码，或者十二生肖二维码，这些都可以做到。而这类二维码不仅具有可读性，还具有观赏性。

日本曾发起的一次"拯救日本"的活动中，用五个二维码大小的方形设计了一个醒目的红十字二维码。

■ 中心替换

这是一种比较常见的二维码设计方式，将二维码中心的方块图形换成其他图像，从而设计出一种具有引导性的二维码。

Fillmore Silver Spring音乐厅以乐器替代几何方块，中心F更是醒目别具一格。

■ 色彩搭配

二维码可以是任何颜色的，这根据你的要求来定，不一定非要是黑白色的。如果你的宣传物料颜色是五彩缤纷的，那么二维码也可以如此，与宣传物料相适应。

比如HBO新剧《True Blood》宣传广告中的二维码就是血红色，以此传达血流不止的印象。

■ 单位元件再造

二维码大部分由黑白方格组成，但这并不是必然，你可以在设计好的二维码上加以改造，加入一些企业的元件，比如摄像机、车辆、logo等等，就像利用二维码设计出一个新的logo一样。

这种方式更多的需要美工设计人员的配合，以便图片更具有美感。位于洛杉矶的Ayara泰国美食设计的二维码就可以看到有一个大象鼻子，非常有泰国特色；LV的日系风格移动网站采用紫色动漫风格，也非常活泼呆萌。

以上是常见的二维码设计方法，优秀的设计人员总能突破常规方法进行创新和创造。需要注意的是，二维码的美与丑不只是设计的问题，还有摆放位置的问题。

如果你把五彩缤纷的二维码放在黑白色的物料上，那就很难产生美感。所以，美工设计人员也应该是二维码设计的中坚力量，可以向二维码技术设计人员提出想法，让技术设计者有一定的方向。在此基础上，美工设计者再对二维码加以设计，比如搭配企业的其他元素、与其他图片搭配等，以此让二维码的展示不那么平庸，以便在活动中引起用户的注意。

放置二维码的最佳地点

二维码的摆放位置很关键。有些企业尽管推出了扫码优惠活动，但却得不到相应的效果，其原因可能就是他们没有将二维码充分展现在人们视线之中。用户看不到二维码，怎么可能去扫描呢？商家移动营销效果又从何而来呢？

所以，在这里强调的就是要让二维码充分展现在用户视线之中。通俗来讲，就是只要用户看得见的地方，都可以放置二维码。

那么，哪些是放置二维码的最佳地点呢？

```
┌─────────────────────────────────────────────┐
│              放置二维码的最佳地方              │
└─────────────────────────────────────────────┘

┌──────────────────────────┐   ┌──────────────────┐
│     直接摆放在产品面前      │   │    在产品包装上    │
│                          │   │     放置二维码     │
└──────────────────────────┘   └──────────────────┘

┌──────────────────────┐   ┌──────────────────────┐
│   在公共交通工具车厢内   │   │  在公交车站牌、地下通道、 │
│      放置二维码        │   │   公共宣传栏放置二维码   │
└──────────────────────┘   └──────────────────────┘
```

■ 直接摆放在产品面前

商场经常会搞促销，而在二维码流行的时代，促销怎能离开二维码？于是商家就不断推出扫码可以获得更多优惠的促销活动。在这时，就应该注意，既然推出了让用户扫码享优惠的活动，那么就要让二维码充分展示在用户眼前。

商场进行二维码促销时，应尽可能地将二维码放大，并且直接摆放在促销产品面前，让用户可以一目了然、快速扫描。

例如某商场推出的产品促销活动，就是将二维码直接摆放在该产品上面，甚至每一个产品上面都摆放着醒目的二维码。这样用户想看不到二维码都难了，自然就能吸引更多客户进行扫描。

■ 在产品包装上放置二维码

要想让企业的二维码无孔不入，就千万别忘记在产品包装袋、包装盒、礼品袋或购物袋上印刷二维码。

用户在产品、包装盒上能看见企业的二维码，那么就能够对企业产生一种强化记忆。就算用户不去扫描二维码，也能顺便记住你的企业。

■ 在公共交通工具车厢内放置二维码

华夏银行将二维码放到高铁列车的座椅上，这种方法着实是给了众多商家一个启发。不只是高铁列车车厢内，其实地铁、公交车内更应该摆放二维码，并且放在用户只要一抬头或者一低头就能看到的地方。

这些公共交通工具是人群密集的地方，各类层次的人都有，所以比较适合那些快消品、电商、房地产等商家放置二维码。而有些比较高端、私密的企业就不适合在这些公共场所内放置二维码。

■ 在公交车站牌、地下通道、公共宣传栏放置二维码

公交车和地铁内的客流量虽然很多，但是其稳定性和信号强度不太好，因此二维码摆放之后，被扫描成功的几率也就会受影响。所以，企业还应该在室外的公交车站牌、地下通道、公共宣传栏等地方张贴二维码。

营销提醒

要想成功开展二维码营销，除了上述的几方面做法，还可以将二维码与电视、网络、杂志等媒介结合。但是无论如何，一定要记住"让用户看得见"这个重点。所以，商家无论在哪种场合宣传二维码，都要将其印刷清晰并适当放大，让用户可以快速扫描。

用户扫描二维码的最佳时机

随着智能手机的大范围普及，购物、上网移动化的趋势给二维码营销带来了绝佳的时机，而这种营销方式也受到广大用户的青睐。比如在等待的时间购物、浏览界面、关注相关信息等，年轻一代非常乐于接受这种新事物和新的营销方式，尤其是短时间等待的时间，比如排队的时间，如果扫码有优惠，那就更完美了。商家应该把握好这些时间，吸引消费者扫描二维码。

那么，商家可以利用哪些时间呢？

■ 等待时间

利用等待时间进行事件营销，比如在饭桌上、茶桌上、排队的时间等，这些都是二维码营销的最佳时刻。

当然，如果把这段时间用户的注意力吸引起来，还需要有趣的创意，比如写一段故事，用户扫码可以获得后面的故事信息；出一个智力测试题目，用户扫码可以获得答案；做个性格小测试，用户扫码可以自我测试等。

例如，智利有一家慈善机构在某餐馆桌面上放置了一张二维码，内容是引导用户关注卫生方面的慈善，用户在等餐的过程中可以扫码，并且提供免费的WiFi，因此这个活动的效果非常好，用户的反馈也非常好。

再如，韩国的Tesco在地铁站设置有一个虚拟的店面，用户在等地铁的时候可以扫码购物，让购物随时随地进行。

■ 外出时间

外出时间是指从出发地到终点地的时间，比如地铁、公交、飞机和火车上。这段时间目标用户很可能处于休息的状态，也就很有可能注意到二维码的存在，并有时间进行扫码、关注等行为。

需要注意的是，有一项关于外出时间二维码营销的调查表明，很多用户对普通的二维码并没有注意到，即使二维码在非常明显的位置。而如果二维码设计得非常有创意，并且二维码配上简单的、有吸引力的文字，用户就会有兴趣扫码看看。

所以，此时的营销不仅仅需要一个好的时间、好的位子，还需要两个好的创意——好的设计和好的宣传内容。

■ 停留时间

很多品牌的实体店需要顾客有停留的时间，比如顾客参观店铺的时间、结账的时间、考虑的时间等等，这些都是店铺可以用来推广二维码的时间，比如用户扫码可以得到产品详情、制作过程、保养方式、相应折扣、获赠小礼品、参与抽奖等，这些都可以让用户将想法落实到行动，自然推广活动也更容易实现。

购买的过程越短，放弃购买的可能性越小；反之，放弃购买的可能性就越大。如果购买的时间客观上不能缩短，那么店家可以将用户主观上的购买时间缩短。比如在购买过程中为其提供有乐趣的事情，转移其注意力，让时间"缩短"，成功销售的几率就会增加。

■ 犹豫时间

购买一款产品或服务时，犹豫是非常常见的。以女性购买服饰为例，很多时候顾客因为价格原因而犹豫，希望货比三家后再回头采购，但比过三家之后却懒得回头或者不好意思回头，最终放弃购买。如果卖家可以利用这个机会进行销售，此类人群的购买率就可以得到提升。

面对用户的犹豫，你可以说"要不您考虑好再回来买"，也可以说"您可以扫码，等到您找不到更合适的，可以利用扫码购买"，后者肯定是更多用户希望听到的，因为这赋予了他们更多的自主选择权，也感觉得到了卖家的尊重，用户体验很好。

即使用户最终没有购买该产品或者服务，也会因此记得卖家贴心的服务，回头率会大大增加。

■ 任意时间

以上几个场合虽然都是用户停留的时间，但用户在这段时间的行为有所不同，比如在外出时间内，用户可能更多的是希望休息；而在停留时间，可能想得更多的是折扣、样式、价位等与产品相关的。要想推广活动更有效果，商家应该充分了解不同场合用户的心理和需求，然后制定更合适的方案，进行有针对性的宣传。

营销提醒

总的来说，任何场合（只要设置合理）都可以用来设计二维码，在深刻理解用户需求的前提下，如果二维码设计得有创意，营销得有创意，很可能收效出乎意料。

移动扫码软件让用户瞬间看到你

二维码营销的火爆，让扫码软件也随之风靡。如今，只要你拥有一部智能手机，不管你走到哪里，都可以扫二维码。所以，商家除了设计、制作高颜值的二维码外，还要将自己的二维码放到各个扫码软件上，这样才能让用户瞬间就看到你。

下面就为你一一介绍2016年应用最广的移动扫码软件。

■ 微信：应用最广的扫码软件

随着微信用户的不断增加，微信二维码成了2016年应用最广的移动扫码软件。

微信二维码分为两种：QR彩码和黑白二维码。

QR彩码是将QR二维码与任何图片、照片、Logo、创意设计结合起来，做成真正的彩色二维码，不但不影响视觉效果，而且扫描可读性跟普通的二维码一样。

微信不仅仅是扫码软件，还可以为微信客户提供微信二维码，有了微信二维码就可以扫描微信账户，添加好友。

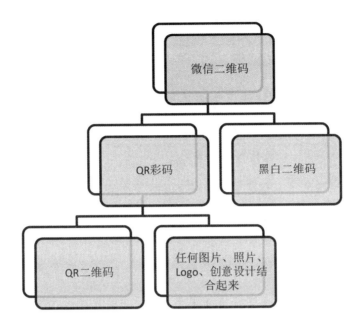

同时，微信推出网页版后，不再使用传统的用户名和密码登录，而是使用手机扫描二维码登录的方式。

■ QQ：最贴心的扫码软件

QQ聊天软件几乎是现在每个年轻人手机上的必备软件之一，正因为得到这么多人的喜爱，QQ软件才能越来越强大。在加入二维码扫描的功能后，它现在更成为最贴心的扫码软件。

之所以说QQ最贴心，就是因为它随时为用户着想。比如利用电脑登录QQ时，在右下角就会出现二维码图像，利用二维码登录QQ，就不用再重复地输入你的账号与密码。

QQ拥有庞大的用户群，这是其他聊天工具无法比拟的。因此，商家应该看重这方面的用户，从中找到潜在客户，这样才能更好地推广产品，增加利润。

■ UC浏览器：最厉害的扫码软件

UC浏览器是一种让用户能够将"互联网装入口袋"的手机浏览器，兼备cmnet、cmwap等联网方式，速度快且稳定，具有视频播放、网站导航、搜索、下载、个人数据管理等功能。

当某些浏览器还只具有搜索或下载这些简单功能时，UC浏览器就突破了这些功能，率先采用了扫码技术，这为UC浏览器增色不少。所以，UC浏览器扫码软件就成了如今最厉害的扫码软件之一。

那么，如何利用UC浏览器来扫码呢？分五个步骤进行，如下图所示。

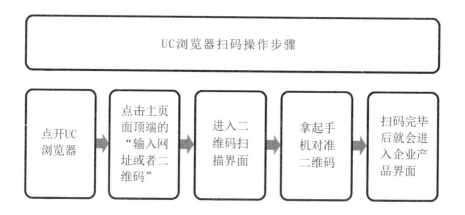

对于商家来说，因为UC浏览器是最厉害的扫码工具，所以不要忽略了这条"大鱼"，一定要提前抢占商机，这样才能不放跑任何一个可以盈利的机会。

■ 码上淘：最强悍的扫码软件

码上淘的意思就是"码上淘，一切码上开始"，正因为它可以在秒杀"战场"上获得先机，所以被誉为"最强悍"的扫码软件。当然，码上淘软件的其他功能同样十分强大。

当用户在逛商场、超市的时候，如果觉得某些商品价格高，只需要使用码上淘，对准商品上的条码轻轻一扫，就能知道它在淘宝和京东等电子商务网站上的售价，货比三家，以买到更便宜的商品；当用户在图书馆时，只需要使用码上淘，对准图书封面上的条码轻轻一扫，就能知道它在当当和卓越等电子商务网站上的价格，如果对网络支付不放心，还可以使用货到付款……

不论是手机电子书、手机音乐、手机视频、手机游戏、手机主题还是手机应用等，都可以在互联网上寻找，在手机上下载；如果你没有办法把电脑里的资源传到手机里去，没有关系，只要使用码上淘下载，轻轻一扫，这些资源就自动下载到手机里了，再也不需要拿数据线插来插去。

码上淘既可以扫描二维码，也可以扫描条形码。

扫描条形码时，只需要点击"扫条形码"，码上淘会启动条形码扫描功能，屏幕自动切换至横向显示，屏幕中间是一个矩形取景框，用户只要将条码对准取景框中间的红色扫描线，即可识别出条码内容。

如果是正常书籍的条码，瞬间即可扫描出结果，速度非常快。然后，用户就可以联网查看书籍的相关信息，如简介、评论和网上售价等。

■ 我查查：用户最喜爱的扫码软件

我查查是一款基于图形传感器和移动互联网的商品条形码比价的生活实用类手机应用，条码扫描支持二维码、二维WEPC码和快递单号（code128码）等。

在用我查查扫描商品条码之后，软件能自动识别读取，快速获取各大超市和网上商城的同一商品的价格，包括哪家店有卖、售价以及店家的电话地址、营业时间、网址等，并能提示产品质量监督信息，新增的质量安全功能——不合格产品"曝光栏"，也将定期曝光质量监督部门最新公告的不合格商品和药品等，从而让用户知道在哪儿买最省钱、最方便、最安全。

用我查查扫描二维码中的一些网址、邮箱、电话、文本、音乐、视频、二维码名片信息时，可以快速地调用手机功能来打开浏览器访问、打开邮箱发送电子邮箱、存入手机通讯录，并且可以快捷获得手机应用的下载地址、商户优惠信息等。

我查查是很多用户最喜爱的扫码软件，不仅因为它方便好用，还因为它功能强大。商家既然想让用户通过扫码软件找到你，那就需要充实你的二维码信息，这样才能给用户留下深刻的印象，激发用户的购物欲望。

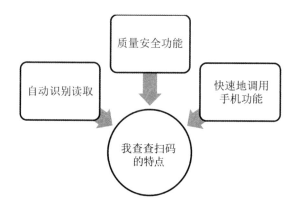

■ 淘宝客户端：最全能的扫码软件

之所以说淘宝客户端是一款全能的扫码软件，就是因为它可以一边扫一边淘。

打开淘宝手机客户端，进入淘宝手机页面，页面上就可以看到"扫码世界波"。点开扫码标志，比如扫描淘宝网页上的淘宝二维码，就可以进入产品页面，这样就让用户可以边扫边淘、快乐购物。

如今，淘宝网上的电商们大都拥有自己的二维码，如果用户喜爱哪家店铺，利用淘宝二维码进行扫码，就可以进入该商家的淘宝手机店，直接利用手机查看喜爱的产品。

■ 快拍：最让人放心的扫码软件

在各种扫码软件中，最让人放心的非快拍莫属。快拍二维码是一款手机二维码和一维码扫码解码软件，通过调用手机镜头的照相功能，用软件快速扫描识别出一维码和二维码内的信息。正是因为安全性能较强，快拍赢得了众多用户的喜爱。

快拍二维码具有自动调焦、快速识别、自动解码的功能，该软件不仅能对二维码解码信息界面进行优化，同时还可以进行一维码商品信息价格查询。而且，还新增了书籍条码的显示和扫码界面的文字说明，增加了扫码声音的设置，美化了一维码扫码信息的显示界面，优化了扫描解码条码的速度以及升级系统，是目前最快的二维码和一维码扫码软件之一，在Googlemarket、机锋网、安卓网、优亿市场、当乐网、七喜网等各大Android应用商店均提供下载。

快拍这个扫码软件不仅可以用来扫码，还有很多其他用途，比如扫描电话、扫描文本、扫描记事本等，最关键的是隐藏在快拍中的小商店。

除了上述这些功能，快拍还可以生成二维码，让更多的人拥有属于自己的二维码。同时，快拍还可以查看附近商家，享受更多优惠，这也是很多用户喜爱快拍的主要原因之一。

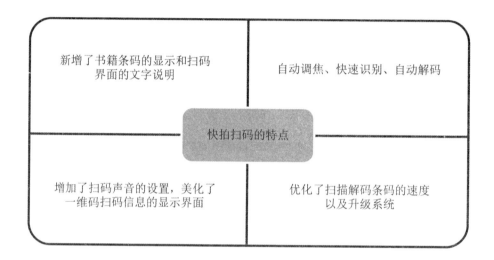

总之，2016年二维码的应用十分广泛，很多年轻人越来越热衷和依赖这种快捷方便的购物方式。商家一定要把握住二维码带来的机遇，让自己的营销更加多面、更加灵动、更加新潮。

如何利用二维码营销做活动

二维码营销的魔力在于：便利、简单。只要用手机扫描二维码就可以参与商家的营销活动，让用户便捷直观地参与营销活动。

来看一则成功利用二维码营销的活动。

2013年，淘宝为了利用"双十二"的购物狂欢"佳节"，花3600万元人民币包场了"双十二"当天开奖的双色球彩票所有组合，并将此作为礼物免费送给"双十二"那天登录淘宝手机客户端的用户，要知道这些彩票的最高奖金很有可能高达1500万元。

也就是说，只要"双十二"当天登录手机淘宝，用户就可以免费抽奖，并有可能获得高达1500万元的奖金。这对用户来说无疑是天上掉馅饼的事情。而这个活动正是通过扫描二维码实现的。

2013年12月12日零点钟声敲响，淘宝电脑端的首页便出现了一个二维码，用户登录手机淘宝客户端，打开扫码的功能进行扫描，就可以获得一注彩票，一注非常有可能中奖的彩票。0点1分结束，淘宝首页的二维码后台显示，该码被扫20万次，据报道，此次"扫码速度创造了一项新的世界纪录"。

对于淘宝而言，一分钟内就获得了20万次的用户登录，即使除去后期卸载的用户，保留的用户量也非常可观，并且给用户极佳的用户体验。

这是一次二维码营销的成功案例，虽然创意很简单——扫码送礼品，但是相比于下载APP送礼，二维码营销将下载这一步略去，营销更便利、简洁。

二维码是有科技感的，如果利用有科技感的方式传递接地气的内容，就可以让营销活动变得更有吸引力，比如传递一封情书、读一首诗、念一段祝福语等等，相比较扫码关注微信、扫码下载APP，这些治愈又温暖的活动，可以让用户更加积极和踊跃，而通过扫描二维码完全可以做到。

比如美国有一家服装店给每件服饰撰写一段故事，包括服饰设计的灵感来源、服饰的制作过程、服饰的走秀效果等等，而整个的故事都内置于二维码中，用户扫码服饰的二维码就可以看到这段故事，因此给用户一种感觉——每件服饰都有自己的故事，而你穿上它，就是有故事的人。

这是利用二维码提高用户体验，进而提供购买率的案例。而这个二维码就可以印在服饰的品牌标签、价格标签上面，用户只用打开手机扫一扫，就可以看到整个故事。当很多服饰的二维码还仅停留在"扫码关注微信"的层面上，这家服饰店早已往前一步，利用这一科技的成果，去改善用户体验了。

以上两则营销案例都是利用二维码成功营销，而这一成功得益于二维码的便捷性，占用的空间极其小，随处都可以放置，但所含的内容却十分丰富，可以包括一件服饰的一生，一笔高达1500万元的奖金。

不仅仅如此，企业或者店铺还可以后台追踪用户的信息、活动的信息，并在后期对此进行分析，进行更加精准的营销。

二维码的魔力是无穷的，如果你的脑洞大开，创意无限，你的二维码营销也将创意无限，只需一笔小小的投入，就可以看到巨大的营销效果。

产品类型	二维码营销
如果产品比较复杂，需要学习产品使用说明书才能使用	将产品使用说明内置到二维码中，以视频、语音、故事的形式讲述出来
如果产品是重复性消费产品，需要随时随地宣传	例如，对奶粉的宣传，你可以将婴儿的成长指南内置到二维码中，用户扫码就可以获得你细心的指导，购买你的奶粉的可能性自然会增加
如果产品需要特别的说明	比如皮包的保养、内衣的清洗等等，将该信息内置到二维码上也是不错的选择，这不仅提升了用户体验，还给用户一种感觉——这是一款值得并需要认真保养的包包，这是一款精致而娇贵的包包，这是一款可以提升你身份和地位包包

科技感和品质感就这么联系了起来，营销活动也因此获得了巨大的成功。

二维码营销案例解析

许多企业在二维码营销方面走在了前列、走出了不寻常的路。下面就来看一些好玩、有趣的案例，一窥那些创意二维码的魅力。

■ 维多利亚的秘密：二维码营销=性感营销

著名内衣品牌维多利亚的秘密曾经做了一个很有诱惑力的户外广告。

他们在街头放置了一组性感妖娆的美女广告牌，在美女模特的内衣部位盖上了二维码，广告文案也是充满了赤裸裸的诱惑——Reveal Lily's secret（揭示Lily的秘密）。广告提示人们，只要用手机扫描挡住身体的那些二维码，就可以欣赏到美女照片的完整版。

这样，许多人都急不可待地拿起手机扫描二维码。结果，出现在手机屏幕上的，真的如广告语所说的那样，"比肌肤更性感"。

维多利亚的秘密这个品牌售卖的产品就是内衣，是一个比较隐私的商品，所以人们在挑选内衣时也会有一种隐秘的心理。内衣最需要的品质是什么呢？与质量有关，但它不是重点，它最需要突出的是性感。那么，将内衣的性感用在营销上，借助这种性感对用户进行诱惑，是不是就让他们很难抗拒呢？

事实证明确实如此，这场二维码营销也可以称作是"性感营销"。

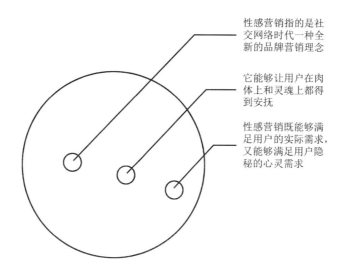

性感营销指的是社交网络时代一种全新的品牌营销理念

它能够让用户在肉体上和灵魂上都得到安抚

性感营销既能够满足用户的实际需求，又能够满足用户隐秘的心灵需求

那么，我们平常看到的广告中，哪些属于性感营销呢？许多人认为性感营销就代表着"薄、透、露"，他们在百货商场或网上小店，看到似露未露的模特广告和充满诱惑力的广告语时，就大呼"真性感"。

其实并不尽然，真正完美的性感营销是把商品和性感融为一体，两者相得益彰。如果品牌本身不适合做性感营销，而你硬要采用这个模式，那就只能带来失败的后果。

性感营销作为一种营销手段来说，本身是无可厚非的，但是一定要把握好度。在西方国家，经常有穿着打扮很暴露的香水广告、牛仔裤广告刊登在受众是成年人的杂志上，但绝对不会出现在青少年随时会看到的电视或网络上。

我国对此并没有很严格的分级标准，所以商家在打造性感二维码广告时，也一定要注意把握好度，不能让用户觉得低俗。

企业可以结合自身产品性质，设计出既含蓄又能达到目的的推广方案。如果觉得拿不准，不妨找来一些用户提前观看，然后根据用户的反馈做出合理的改善。

■ 大众Crafter货车：巨型二维码引人注目

对于大货车而言，它的载货量是最具核心竞争力的因素之一。大众汽车为了突出其旗下Crafter货车的载货能力，就开展了一场巨型二维码营销活动。

他们将放置这个二维码的地点选择在墨西哥城的Central De Abasto市场，这里是世界上最大的批发集中地之一，每天大约有2000笔交易在此发生，接待的顾客超过350000名。而他们中的大部分人都是大货车的潜在购买者，也是大众旗下Crafter货车的目标客户。所以，在这里举行二维码营销活动可谓是得天独厚。

这个营销活动之所以成功，是因为它将形式和内容结合得完美无缺。

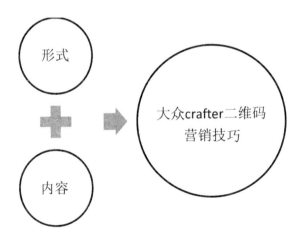

如果说营销的精髓是内容的话，那么这次营销的精髓在于其呈现形式本身。选在人流大的批发市场里，先是用巨型二维码吸引来来往往的人们的注意力，成功吸引他们扫描后，向他们展示Crafter卡车本身的载重能力，而这些又是他们最看重的，所以需要购买货车的人想不动心都难。

■ 汉堡王：二维码游戏让用户跃跃欲试

汉堡王在暑假推出了"美式西南火烤疯系列"产品，以二维码火烤小游戏的噱头与用户进行互动。用户只要扫描宣传单、看板或者灯箱上的二维码，手机上就会出现游戏网页的链接。

游戏中，把汉堡火烤一下后，就可以得到优惠券了，而且近百个二维码的内容都不相同，能扫到什么样的优惠券就看你的运气。这个活动刺激了一群爱好游戏的用户，让他们跃跃欲试。

游戏后，用户能够根据GPS定位，找到最近的汉堡王门店立刻兑现消费。这次活动锁定的目标是上班族，所以主要将二维码贴在了地铁站附近和公交站台处，让大家在等车的空当可以娱乐一下。

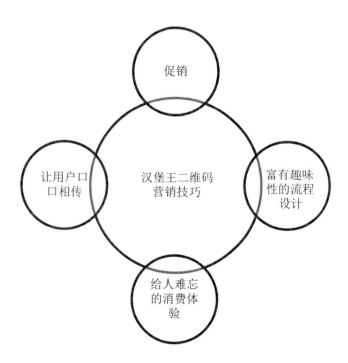

一般企业常用的促销手段都是通过赠送奖品吸引新客户试用，回馈忠诚顾客，促进销量增长，抢占市场份额。这种方式虽然可以快速地增加销量，但是带给用户的刺激性往往很短，不能够保证用户持续购买，容易遭到诟病。

汉堡王的成功之处在于貌似在促销，却不仅仅是如此。他们通过富有趣味性的流程设计，不但给用户带来了快乐，还带来了几分惊喜，给了人们难忘的消费体验。而这种体验很容易让用户口口相传，带来更多的人进行体验，这种长远而有影响力的促销活动才是真正成功的促销活动。

■ 四方创意电子书店：可以吃的二维码

以前，我们看到的二维码宣传绝大多数都是以纸张作为载体的。而四方创意书店将二维码印在了能吃的饼干上，这就意味着这个二维码也可以被吃掉。

他们在客流量比较大的咖啡厅里进行派送，顾客在收到饼干后，可以通过手机扫描饼丁上的二维码，然后在书店下载到免费试读的书籍。扫描完了后，"二维码"饼干还可以回到它的本质，成为顾客口中的美味点心。

这个颇具创意的二维码营销活动推出以后，给四方创意电子书店带来了不俗的成绩。四方创意电子书店先期共制作派发了800个"二维码"饼干，却获得了比以往高出45%的网站访问量，以及12%的销售额增长。而且，在这次活动中，书店注重环保理念的品牌形象也得到了提升。

除了可以吃的二维码，还有可以喝的二维码。你也许会觉得很惊讶，但是有的商家就将这个看似不可能完成的创意完成了——他们让咖啡上显现出了二维码。

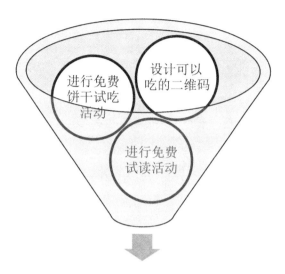

四方创意电子书店二维码技巧

我们暂且不去探讨这个二维码是怎么做出来的，先来说说你的感受吧！你是不是想说："哇！太奇妙了！"相信大多数用户看到这样一杯咖啡时，是很难招架住它的魅力的，忍不住想要动动手指扫描一下，看看它里面究竟有着怎样的奇迹。

通过以上的例子我们可以看出，只有想不到，没有做不到。商家如果找到与自己的产品或者是宣传理念相符合的二维码营销方案，切不可错过尝试的机会。没准就是这样一个小小的创意，就可以让你的营销异军突起、创造奇迹。

第 5 章

百科营销：品牌的确立

百科营销是一种建立企业品牌和知名度的移动互联网方法，对于移动互联网营销来说，百科营销还是比较新的一块，很多从事移动互联网营销的人和企业，并没有真正把百科当作一回事。其实用好百科，可以让营销更高效，其最显著的特征就是用最简单且几乎没有任何技术含量的方式，实现搜索引擎的高度优化。

什么是百科营销

　　所谓百科营销，就是利用百科进行传播，把商家的信息，具体包括产品信息、企业信息、企业文化等潜移默化地传递给消费者，让消费者在不知不觉中知道商家的产品和品牌，最终达到成交的营销行为。

　　目前，比较著名的百科网站有维基百科、互动百科、百度百科、360百科等。可以说，百科不仅是工具书，更是一种知识性的营销媒体。

　　那么，百科营销在移动互联网营销体系中具备什么样的独特优势呢？主要有这样几点：

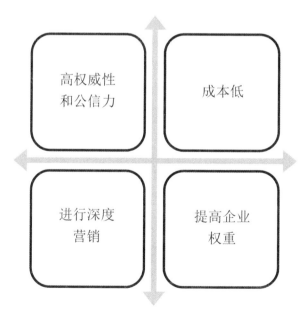

■ 高权威性和公信力

相对于新闻、论坛、博客、SNS（社交网络服务）等网络内容来说，很多网民查找相关概念时会比较倾向于查看百科里的介绍。所以，百科在网民心目中的公信力和权威性是比较高的。正因如此，百科也被认为是互联网上的"定义媒体"。

可以说，谁拥有了百科词条，谁就拥有了更高的品牌形象。

■ 成本低

百科营销不同于其他营销方式的一个显著特点是，网民如果需要重点了解某些概念，通常会主动在搜索引擎中搜索这些概念。这样，凡是看到百科词条的，一般都是产品潜在的精准客户人群。从这个角度上看，百科营销是成本极为低廉的营销方式。

■ 进行深度营销

传统广告营销比较依赖广告的"狂轰滥炸"，这使得受众对传统广告推广方式的排斥心理越来越强。相对来说，百科通过传播知识来传递一种营销理念，突破了传统营销的思维模式，是一种绿色的营销方式。

百科营销改变了人们过去对企业与产品的物化认知，强调了产品的知识属性，无形当中挖掘了产品的内在价值，因此是一种深度营销。

■ 提高企业权重

网站权重是由搜索引擎给网站（或网页）赋予一定的权威值。因而，提高网站权重，不仅有利于网站在搜索引擎中的排名，还能提高整个网站的流量与信任度。相比较来说，百科内容的权重一般比较高，把企业的链接放在这样的页面中，能够潜移默化地提高企业网站的权重。

不管百科营销有多少的营销优势，它作为一种绿色的知识传播性营销方式，核心是内容的质量。因此，百科词条的内容要足够丰富、可用，具备一定的公益性，不能变成纯粹的广告。否则就会失去百科营销的意义。

毕竟，每个人都希望获得更多的知识来服务于生活，如果这些知识是公益性的科普知识，就能够作为润滑剂，来有效拉近商家与顾客之间的距离。所以，内容的实用性很重要，是知识营销成败的关键。

为此，百科营销人员在收集知识、编辑知识的时候，一定要真心投入、用心编辑。这样，营销人员才能以优质的内容吸引众多潜在顾客的注意。

百科营销4大形式

百科营销的主要形式包括以下4个方面。

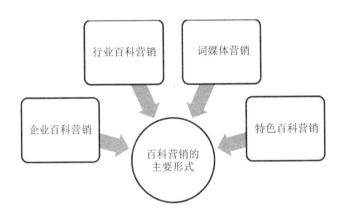

■ 企业百科营销

百科具有树立企业比较权威的定义权，所以，企业的品牌可以百科知识的形式进行权威表述。

举例来说，企业营销产品时用的一些"广告语"，大家看后未必会信，但如果从百科中看到该企业简介时也有这条"广告语"，感受就会大不一样，人们会觉得该"广告语"是企业自身属性的一部分，从而改善对该广告语的认识。

可见，在百科中编辑企业简介，并融入企业相关的广告语，将具备独特的妙用。

■ 行业百科营销

任何企业、任何产品都是一个细分的知识库，顾客在选购商品的时候通常会更加青睐产品所属行业中的优质企业。基于此，企业在进行百科营销时，可以积极支持行业百科的建设，并在百科中为消费者答疑解惑，这有助于树立企业在行业中的领军地位。

假如顾客搜索某一个行业，在对这个行业的介绍中就能够出现本企业的名字，这在一定程度上能够增强顾客对企业形象的好感。

■ 词媒体营销

词媒体的代表就是"词条"了。"词"自古以来就是信息传播中最为浓缩的因子。比如，我们平时说的"80后""90后"这些词就鲜明地代表了一个时代或一类人群。这在商家百科营销中仍然有重要的作用。

举例来说，苹果公司就很注重公司词媒体营销，很少有人记得苹果公司所做的广告，但苹果公司给大家创造的"iPod""iPhone""iPad"等词却给人们留下了深刻的印象，从而具有很强的营销穿透力。

■ 特色百科营销

在百科营销中，还有些特色百科营销吸引人们的注意，比如说，一些地方关于本地介绍的百科建设、名人百科建设、企业家姓名百科建设等，都可以作为企业进行百科营销的阵地。

随着技术和内容的不断创新，也许还有许多百科的营销方式正在被挖掘出来，但目前能供商家进行营销的形式主要就上述四种。

商家在进行百科营销时，可以认真学习上述各个形式的特点及优势，找准适合自己的营销形式。

百科营销的成本计算

很多企业都觉得百科竞价很贵，不敢尝试，但是如果企业资金充足并有很大的发展潜力，建议企业做百科营销。而小企业还是从百科免费推广做起，那样盈利的可能性比较大一些。

■ 营销价格

一般而言，百科营销的收费形式如下图所示。

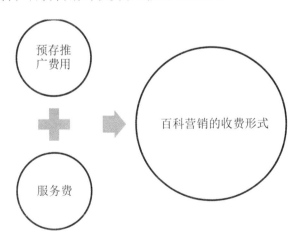

预存推广费和服务费根据地区不同可能有所变动，具体费用由客户和服务提供方另行约定。

开通服务后，客户自主选择关键词、设置投放计划，当搜索用户点击客户的推广信息访问企业网站时，系统会从预存推广费中收取一次点击的费用，每次点击的价格由客户自主决定，客户可以通过调整投放预算的方式自主控制推广花费。

预存推广费用完后，客户可以继续续费。

■ 计费方式

百科营销采取预付费制，按点击计费，无点击不计费。营销企业可以拥有海量的免费展现机会，实际每次点击费用取决于企业为关键词设定的出价、关键词的质量和排名情况，最高不会超过企业关键词所设定的出价。

企业需要注意以下几种百科营销计费方式。

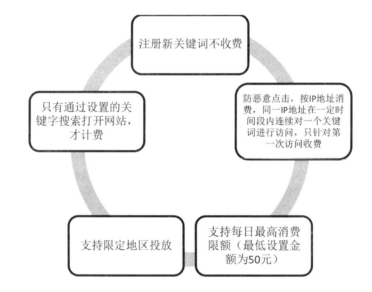

注册新关键词不收费

防恶意点击，按IP地址消费，同一IP地址在一定时间段内连续对一个关键词进行访问，只针对第一次访问收费

支持每日最高消费限额（最低设置金额为50元）

支持限定地区投放

只有通过设置的关键字搜索打开网站，才计费

营销提醒

选择百科营销，需要一定的成本。所以商家在进行百科营销时，可以先按照上述内容进行成本核算，看自己是否有足够的资金进行百科营销。

如何创建百科

商家想要做好百科营销，必须先学会创建百科，下面就是创建百科的方法。

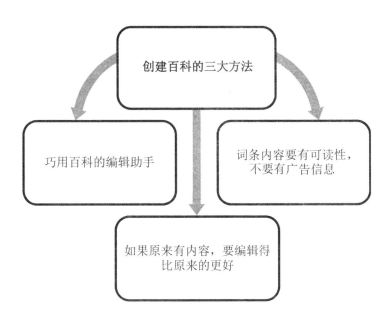

■ **词条内容要有可读性，并且不含有广告信息**

首先，词条内容要有可读性，不要有广告信息。在编辑的时候要多写一些有可读性的内容，而且词条的文字要具有一定的专业性。

建议尽量制作一些知识型性的内容信息，一般商家名称、人名、产品名称都是比较好编辑的。一定要把词条做出价值来，不要胡编乱造，不然不会通过的。

比如，编辑一款养生食品的词条，在编辑词条的时候主要将食品的图片、食品的功效与作用、食品的价格、食品对人体的好处、食品的发展史等编辑出来，这些内容都是比较有意义的，一般来说这些内容也是用户需求的。

■ 如果原来有内容，要编辑得比原来的更出彩

如果原来有词条，编辑的时候要比原来更出彩。如果企业想编辑已有的词条，内容应该是原有词条的补充，如果修改的是比较过时的内容，或者添加新的内容，那么就要比原来的内容更要有专业性和可读性，千万不要写一些与词条无关联的或者关联性差的内容。

■ 巧用百科的编辑助手

学会巧用百科的编辑助手。理论上来说，企业创建的词条内容越专业，通过率就越高。

很多营销人员在编辑词条的时候都想创建一个高质量的词条，但始终无法实现，为此头疼。

其实不必担心，要擅长使用编辑助手，如百度提供的一款编辑助手，其功能是非常强大的，可以有效地辅助企业营销人员编辑词条。

掌握编辑助手的方法也很简单，进入编辑页面后点击导航中的编辑助手即可，然后找到适合的分类。

下面是百科编辑助手的操作流程。

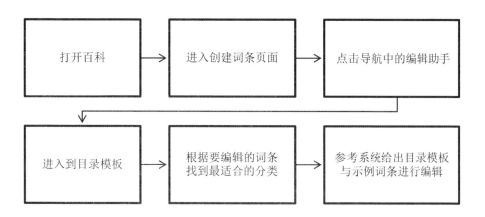

百科营销对商家而言是很不错的，商家可以大胆地去尝试百科营销。现在很多企业都在做百科营销，但很多企业没有坚持下来，无论是哪种百科平台一定都要坚持下来，这样才会做出最有效的营销成果。

百科营销的操作流程

在移动互联网营销中，利用百科营销方式不要太过于着急，应该制定策略，一步步地按照百科营销的规则执行，否则效果不仅不大，还会使自己亏损。

因此，在做百科营销时，应该先明确目标，进行数据分析与优化，这样才能走得更远、更有效率。

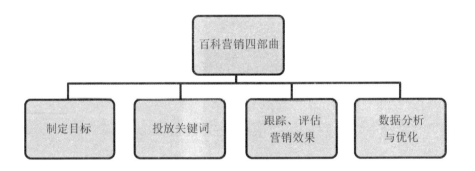

■ 第一步：制定目标

没有目标的企业，必会被这个偌大的移动互联网营销蛋糕吞噬，一味地跟风，只会让商家埋没在众多电商中。由此可见，在决定执行某个营销活动之前，一定要制定目标。

很多商家在做百科营销时的目标几乎都是带来更多的订单、树立品牌等，而在带来订单之前，首先得让网民在网上搜索时，展现出符合需求的推广结果，然后网民点击营销结果，之后转到企业网站浏览，再通过线上与客服交流等方式，最终形成订单。如下图所示。

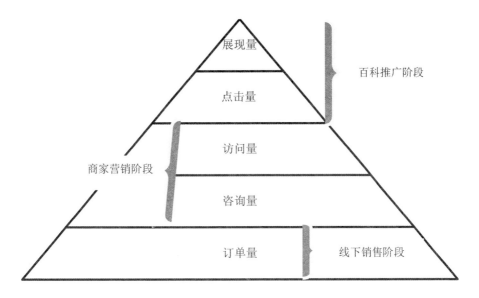

由此可见，订单是一步步转化而来的，要拿到订单，必须有足够的展现量、点击量、访问量、咨询量，而真正为企业在做百科营销工作的是"展现量"和"点击量"。

企业在进行产品推广之前，先要明确推广的产品是什么、产品的卖点、产品成本预算是多少，这样在百科营销时就不会那么漫无目的了。

■ 第二步：投放关键词

确定好百科营销目标之后，要认真投放关键词。关键词的选择决定了营销的成败。如果选择的关键词搜索量高并出价合理，那么百科营销定会给企业带来一定的效益，否则只怕会"费力不讨好"。

商家可以通过关键词推荐工具中的检索量来选择关键词，还可以借助一些工具来了解网民搜索关键词的习惯。

商家要站在消费者的角度选择关键词，否则很容易造成恶意点击量，从而提高推广成本。

选择好合适的关键词以后，应该合理地给关键词出价，否则关键词再好，也可能不会有好的排名，展现效果会大打折扣。

商家应根据关键词体现的价值决定适合的位置，还应该考虑潜在客户的搜索动机。体现的购买意愿越强烈的关键词，越应该出较高的价格。

商家应每天关注关键词的动态，根据历史数据，筛选出没有必要再用的关键词，重新设定有价值的关键词，历史数据表现好的关键词则可继续留用。

■ 第三步：跟踪、评估营销效果

商家选择百科营销平台进行广告投放的时候，跟踪、评估广告投放和营销效果是从事SEO工作的人每天必做的功课之一，收集来自各方的数据报告，第一时间发现问题、解决问题，保持稳定的广告投放和关键词排名，避免大幅波动。

百度百科为了使企业更好地实施检测，推出了一款专业网站流量分析工具——百度统计。

百度统计使企业的网站上每个需要进行效果评估的网页都嵌入一段JavaScript脚本代码，当访问者打开这些网页的时候，这段程序脚本会自动开始收集访问者的浏览信息并通过网络向特定服务器发送，服务器负责记录和统计信息。

这些信息包括访问者的IP地址、打开网页的时间标记、网页的标题和

URL等。

营销人员根据"百度统计"这个工具，可以很好地跟踪、评估营销效果。

■ 第四步：数据分析与优化

商家应当汇总每周、每月、每季度或在指定时间跨度的数据，生成报告，与推广标准进行比对，指出取得的成绩与不足。

基于历史数据、投放数据及对市场认识的更新，合理调整关键词、创意、账户结构等不同层级，以达到制定的推广标准。如有无法控制的因素存在，则需要回到目标制定步骤重新进行。

根据数据报告和分析得出的结论制定优化方案，取得各方面确认后再实施。需要注意的是，优化不只是对最初计划的裁剪，还需要基于新的数据分析和市场洞察设计新的尝试方向，充分挖掘市场的潜力。

百科营销的4种营销技巧

如今是移动互联网的时代，很多传统企业都向移动网络市场进军。在移动互联网营销中，越来越多的商家把目光转向了百科。百科不只为普通网民服务，还为商家提供了4种营销技巧。

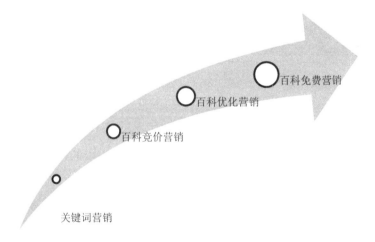

- 百科免费营销
- 百科优化营销
- 百科竞价营销
- 关键词营销

■ 关键词营销：让消费者快速找到你

现在去任何一个网站查找信息时，都会试试自认为最有可能帮助你找到有价值信息的搜索词，这种搜索词被称为关键词。

好的关键词能帮助你很快找到最合适的信息，不好的关键词只会让你失望。百科只是工具，正确的关键词才是灵魂。找对用户使用的关键词，其实就是开始学习用户的思维观察网络，这才是研究关键词的终极意义。

对于百科营销，依据搜索动机，关键词可分3类：导航型搜索、信息型搜索和交易型搜索，如下表所示。

类型	目　　　的	商业价值
导航型搜索	寻找特定网站，然后通过具体网站了解信息	弱
信息型搜索	需要信息来回答他们的问题	中
交易型搜索	寻找具体产品或商业机会	高

大部分商家在初次进行百科营销的时候，会花费很多精力去评估投放多少预算，似乎大家都很少分析投放哪些关键词更有效率，也许有人认为关键词这么简单的东西，拍拍脑袋就可以想明白了。

在开始的时候，启动自己的思维，挖掘出可能的关键词还是必要的，要了解别人，首先要从了解自己开始。

很多商家在选择关键词时，都只依赖"拍脑袋+凭感觉"的选择法，这样选择出来的关键词质量未必高。

别忘了，你想的关键词，不一定是别人搜索时用的那个。

一般来说，关键词可以分为7类，如下表所示。

类型	目　　　的
品牌关键词	商家名称、简称、俗称、独有专利名、商标名、英文简称
产品关键词	产品名称、简称、俗称、英文名、英文缩写
组合关键词	最典型就是以产品词与地域名称、服务方式、价格等构成的组合
需求关键词	不涉及具体的产品或商家，直接是某类需求
问答关键词	用户喜欢使用的一些口语式问题细化表达需求，可能以疑问句式和陈述句式出现
相关关键词	用户直接表达对产品或服务的需求，但搜索词暗示用户很可能有与你的业务高度重合的需求
错字关键词	用户输入错别字的关键词，尤其是公司名或产品有相对生僻的汉字

营销提醒

关键词是消费者搜索到产品信息和企业信息的重要内容，商家一定要重视百科营销里的关键词。用好关键词，会让你的百科营销起到事半功倍的效果。

■ **百科竞价营销：客户精准，见效快**

百科竞价营销是百科营销里运用最多的营销技巧。什么是百科竞价营销呢？

所谓百科竞价营销，是指商家的产品、服务等通过关键词的形式在百科搜索引擎平台上推广，它是一种按效果付费的新型搜索引擎服务，商家在搜索引擎排名的高低取决于企业对百科竞价出的价格。

百科竞价是一种很高效的营销技巧，客户精准，见效快。

但是百科竞价对于"门外汉"来说，算是烧钱的机器。如果盲目跟风做百科竞价，估计只赔不赚。如果商家把关键词设为广泛匹配，成交率大大降低不说，在推广方面的费用特别多，长久下去，商家很有可能垮掉。

那么，怎样才能做好百科竞价呢？百科竞价的营销方法如下图所示。

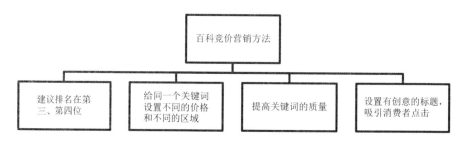

◎ 建议排名在第三、第四位。一般商家在做移动互联营销时都会觉得，不管做什么推广，自己产品排在靠前位置是最好的。百科竞价排名也是如此，排在第一的点击率肯定要比下面的好，但是误点击率也比较大，至少与下面的排名相比误点击率大了30%。由此可见，排名在第一固然效果比较好，但是成本很高。

笔者认为，百科竞价推广的排名在第三、第四位就很好了，用户几乎都有货比三家的心理，会习惯性地多点击几个网站进行对比和整合，而排在下面的误点击率相对来小一些，符合常人的购买心理，还能节约不少成本，何乐而不为呢？

◎ 给同一个关键词设置不同的价格和不同的区域。商家在做百科竞价推广时，不同地区的关键词，竞争程度和排名都不同，不要把所有关键词都设置为一个价格。

例如，"移动互联网营销"这个词在北京要二十几元才能排名前三，而"中国西藏"这个词几元钱就能排前三。如果全部都设为二十几元，商家不亏才怪！

商家可以建立一线城市、二线城市、三线城市推广计划，分别给同一个关键词设置不同价格，再设置不同的区域。

◎ 提高关键词的质量。商家在进行百科推广时，应根据不同的目标建立不同的推广计划和推广单元。把推广计划和推广单元分门别类，可以方便商家高效地管理账户。一个结构清晰的推广计划、推广单元可以提高关键词的质量。做过百科竞价的人都知道质量的重要性。

◎ 设置有创意的标题，吸引消费者点击。商家在移动互联网营销中做百科竞价推广，不管关键词选择得多么合适，推广计划和推广单元规划得多么完美，如果百科竞价推广链接没有人点击，那么一切都是"无用功"。商家应该设置比较有创意的标题，吸引客户点击。设立百科竞价推广广告标题的技巧如下。

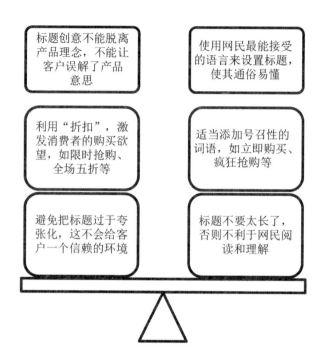

商家如果能正确利用百科竞价推广做百科营销，会带来很大的商业利润，完全摆脱了寻找客户的劣势，而是让客户主动找你。

■ 百科优化营销：不需要花费很多成本

百科优化推广讲究的是搜索引擎中的自然排名，是一种利用长期总结出的搜索引擎收录和排名规则，对网站的关键词、内容、版块、布局等进行调整，使网站容易被搜索引擎收录，不需要花费很多成本。

百科优化营销的优点如下图所示。

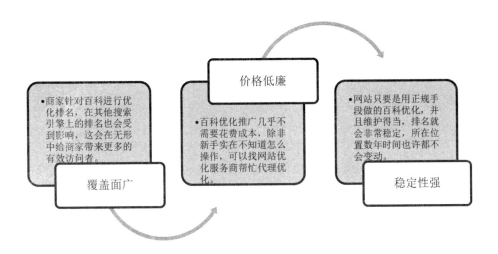

■ 百科免费营销：让广告打得理所当然

百科是一个内容开放、自由的网络百科全书平台，它可以满足大部分网民迅速获取知识的需求，而且向所有人开放了一个免费获取知识的途径，其强大的内容生产力，可以为网民提供权威、可信的知识。

商家可以通过百科，介绍品牌、产品等信息，让广告打得理所当然。操作步骤如下。

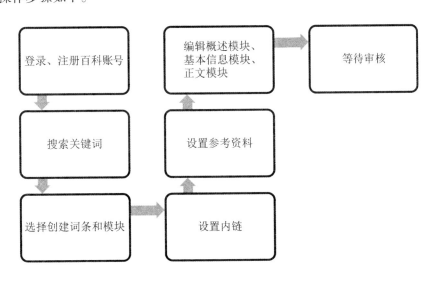

我们以百度百科为例进行介绍。

第一步：在百度搜索栏中输入"百科"，找到百科官网并且点击进入。

第二步：如果没有百科账号，则点击"注册"，按照百科给出的步骤注册；如果之前有百科账号，就不需要重新注册，直接点击登录。

第三步：登录百科后，在其搜索栏搜索商家要放置信息的关键词，如输入"移动互联网营销"后，点击"搜索词条"。

第四步：点击"搜索词条"后会出现两种情况，一种是百科文库没有收录到此词条，需要自行创建，这时可点击"我来创建"。另一种是百科文库已经收录了该词条，这时可以点击"编辑"，在原本词条的基础上完善词条。

第五步：点击"我来创建"后出现"编辑词条模块"，选择适合所建词条的模块，便于网民查找。如将"移动互联网营销"设置到软件模块，找到"软件"之后，点击"确定"。

第六步：在"概述"模块上概述词条的主要内容和关键信息，还可以放置有关图片。

第七步：在填写基本信息栏的时候，可点击"添加自定义项"，创建新的子栏目，没有填写的子栏目将不会出现在完善好的词条上。

第八步：在正文模块处创建目录，点击"目录"，右边出现选择框，点击"应用"出现一级目录，然后在目录下填写相应的正文。

第九步：一定要添加"参考资料"并引入文中，否则很难通过审核。由于百科只收录可以找到来源的事实，参考资料的意义在于，指出该部分内容的来源、出处，从而保障这段内容的客观真实性。其操作步骤如下图所示。

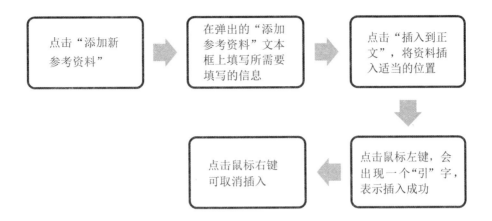

第十步：在词条中设置内链，可以连接百科中的文章。如果网友在其他义章上点击了内链的关键词，那么很可能链接到自己词条中。按住鼠标左键选中要链接的词，点击"内链"，就设置完成了。

第十一步：设置好后点击"提交"，等待审核。

总之，商家在百科上放置信息，既可以树立良好的公共形象，又可以增大传播机会。

百科营销案例解析

■ 宝洁：SEO+SEM=1+1>2

一直以来，"家"都是一个非常特殊的概念。当年的一句广告词"让人想家"使孔府家酒火遍大江南北，让人记忆犹新。

如今宝洁的"生活家"，重启"贴近消费者生活"这一概念，不管是商城、社区还是杂志，都体现了一个主题——拉近与消费者之间的距离，让品牌更深入人心。

宝洁进入中国20多年以来，通过不断创新，为中国消费者提供更优质产品和服务一直就是其发展宗旨。

如今随着网络的发展，单一产品和柜台服务已经不能再充分体现宝洁的服务形式，于是创新地利用网络便捷的沟通平台，根据与消费者直接的对话，更为有效地为他们服务就成为宝洁公司新的目标。

为此，宝洁公司推出了一系列针对淘宝商城"e生活家"的操作，利用百科营销两大利器为"e生活家"添上双翼，旨在拉近企业与消费者之间的距离，提高自身品牌亲和力，最终促使淘宝商城"e生活家"越来越红火。

事实上，宝洁"e生活家"落户淘宝旗舰店之初成绩并不理想，在这个竞争激烈的国内最大B2C平台上，宝洁产品的流量和销量一直停滞不前，同时淘宝的搜索结果也一直被其他品牌的竞争对手所占有。

显然，这样的结果宝洁公司是无法接受的。经过对淘宝平台的专业分析，并结合客户的市场目标和规划，宝洁决定引入百科营销，通过优化店铺结构、产品表现，提升SEO表现等方式，希望使SEM和SEO能够有机、巧妙地结合，有效提升两者效果，让结果1+1>2。

所谓SEO，就是搜索引擎优化，是较为流行的百科营销里的关键词营销方式，主要目的是增加特定关键字的曝光率以增加网站的能见度，进而增加销售的机会。

而SEM则是搜索引擎营销。SEM所做的就是全面而有效地利用搜索引擎来进行网络营销和推广，追求最高的性价比，以最小的投入，在搜索引擎中获得最大的访问量，并产生商业价值。

我们都知道，有搜索的地方就会有优化。淘宝网上那么多商家那么多产品，仅"化妆品"三个字的搜索就会出现60多万条，但是在系统默认的显示40项乘以100页的情况下，即只有4000项可以显示，其余那些则都被过滤掉了。

而且即便是在4000项之内，相信也没有人会有耐心翻完100页。也就是说，只有前几页的记录才会被消费者青睐，由此可见竞争压力之大，SEO与SEM的优化也就至关重要。

SEO不是随便找几个人到处发发小广告，然后得到流量，这样得来的流量大多是无效的，对于SEO优化也是不利的，非有效流量会增加网站的跳出率。

搜索引擎往往会认为这个网站的内容很不吸引用户，也就间接认为网站的内容质量不高。很多人都在问："搜索引擎是怎么知道网站内容质量高不高的？"当你知道跳出率是什么的时候就懂了，也就是用户的吸引度不够，跳出率就高。

在经过研究之后，宝洁在进行百科营销时采用了下图所示的营销技巧。

宝洁的百科营销技巧	
针对淘宝搜索相关关键字选取修改与店铺标题、店面装修、商品发布时间的控制、产品属性的完善，宝贝标题、描述内容的书写等都进行了全面的SEO整改和优化。	加上SEM诸如淘宝直通车等系列措施的配合，使得橱窗推荐、所有商品搜索排行、所有商品类目排行、人气商品的搜索排行、类目的人气排行，以及用户体验度、空间布置、销量转化率等大大提高。

正是通过"SEO+SEM"相结合这样的营销模式，宝洁公司在淘宝的搜索结果里，市场占有率增加30%(分开SEO和SEM各自的成果，两者双管齐下的结果，得出1+1>2)，为"e生活家"撑起一片广阔天空。

第6章

O2O 营销：线上到线下

在大多数商家决定开始做O2O营销的时候，却发现O2O早已经不算是商业模式的新宠。铺天盖地的O2O概念，让很多商家开始了自己的O2O征途。O2O并非是克敌制胜的法宝，而是一个随着网络营销的迅猛发展，商家顺其自然地将线下渠道转移到线上布局的过程。

什么是O2O营销

O2O，英文：Online To Offline，取"To"的谐音，翻译成中文就是O2O。

知道了什么是O2O，接下来，我们来说说什么是O2O营销？

所谓O2O营销，就是将线下的商务机会与移动互联网结合，让互联网成为线下交易的前台。

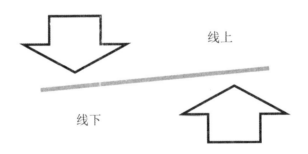

O2O营销的优势在于它能够把线上与线下的优点完美地结合在一起。通过移动终端，将互联网与地面店完美对接，实现互联网落地，让消费者在享受线上优惠价格的同时，又可享受线下超值贴心服务。

O2O带给消费者、商家和平台的好处是显而易见的。

■ 对于商家而言：吸引更多新客户到店消费

对于商家而言，O2O营销的优势表现在以下四个方面。

◎ 管理用户，宣传投入成本低。O2O营销颠覆了传统的宣传营销模式。比如，以前火锅店有新优惠活动，要找媒体资源的平台进行广告投放，不论是本地报纸还是自己印发宣传单或是短信群发，这些还是原来的宣传模式。而O2O的出现，让商家可以很好地管理自己的用户，并推送信息，省去了重复的宣传投入成本。例如，餐饮品牌海底捞的官方微信账号，通过信息推送以及在线咨询等服务，海底捞可以收到很好的宣传效果。

◎ 跟踪推广效果。在大数据时代，通过O2O营销模式，商家可查询推广效果，客户的每笔交易都可跟踪，通过掌握这些用户数据，可以提升对老客户的维护与营销效果，同时通过与客户的在线沟通，更好地了解用户需求。

◎ 通过在线有效预订等方式，合理安排经营，节约成本。O2O营销模式的重点是在线预订。数据显示，即使在电子商务最发达的美国，线下消费的比例依旧高达92%。这不仅仅是因为线下的服务不能装箱运送，更重要的是快递本身无法传递社交体验所带来的快乐。

◎ 对拉动商品、新店的消费更加快捷。O2O的模式推广能获得精准的反馈效果。对于传统的推广方式来说，客户的增加并不能完全归功于广告的效果，但是对于O2O来说，由于是先下单再进店，所以很容易评判出效果。拉手网的CEO吴波曾表示，O2O尤其对新品和很多新店的推广效果特别好。

■ 对于消费者而言：便捷、性价比高

对于消费者而言，O2O营销的优势表现在以下三个方面。

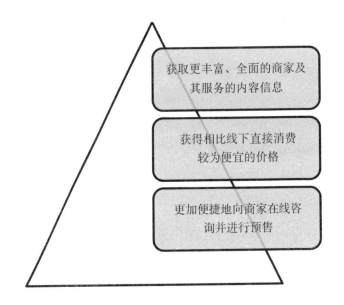

◎ 获取更丰富、全面的商家及其服务的内容信息。所谓货比三家，O2O营销采用线上线下互动的模式，利用商家行业分类、关键字查询等方式，帮助消费者浏览众多商家的信息，获得符合自身需求的服务。

以最典型也最常见的O2O营销淘宝为例，用户打开网页，在浏览器的

左侧，竖着排列各种商品服务分类，选择不同的分类，即可进入商品选择界面，选中需要的商品，填写订单信息，付款后便可坐等商品到家了。

这是最直接的"线上选购商品，线下配送到家"模式，也是O2O在电商领域的典型应用。在整个过程中，O2O模式利用淘宝这个平台，网罗最全面的商家信息，努力给予消费者良好的体验，同时完成了O2O营销。

◎ 获得相比线下直接消费较为便宜的价格。线下店铺进行销售，需要支出店铺费、人力费和各种渠道建设费用，比如给消费者做免费营销、生日送礼等，以此来维系客户关系。而网购平台的维护则相对容易得多，生意模式比较简单：网络或者电话沟通——达成合作——付款——发货，几个步骤就可以搞定。大客户需要的是给力的价格，而中小客户只要有稳定的渠道，他们就能维系较高的忠诚度。

◎ 更加便捷地向商家在线咨询并进行预售。传统的营销中，每个人掌握的市场信息是不同的。通常情况下，商家掌握的信息要比消费者掌握的信息全面些，处于主动地位。而信息缺乏的人员，则处于比较不利的地位，这种现象被称为"信息不对称"。

一般而言，卖家比买家拥有更多关于交易物品的信息，传统的面对面的商业模式会因为买卖双方的信息不对称，而使消费者承担着商品与价值不符的风险。而在O2O模式中，这种风险被降到了最低。

以淘宝网中的在线客服——阿里旺旺为例，这是淘宝和阿里巴巴为销售商量身定做的免费网上商务沟通软件，买家可以在购买某件商品时，通过阿里旺旺向商家咨询相关信息。

■ 对平台本身而言：吸引大量高瞻性用户

对平台本身而言，O2O营销的优势表现在以下3个方面。

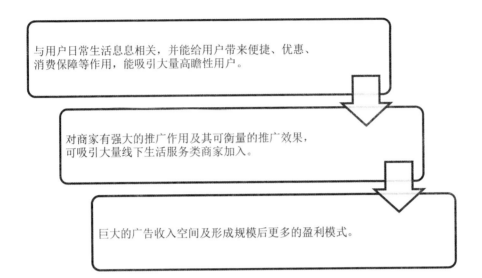

与用户日常生活息息相关，并能给用户带来便捷、优惠、消费保障等作用，能吸引大量高瞻性用户。

对商家有强大的推广作用及其可衡量的推广效果，可吸引大量线下生活服务类商家加入。

巨大的广告收入空间及形成规模后更多的盈利模式。

O2O营销线上线下互动的两种关系

看完第一节，相信大部分读者都已经知道了O2O营销的含义。用通俗的话来说，就是线下与线下结合，互相补充，互相辅助。不过，应用到现实生活中的O2O模式并非这么简单，线上线下的结合还包括几种不同的关系。

要真正掌握O2O营销的技巧，必须首先了解线上线下互动的两种关系。

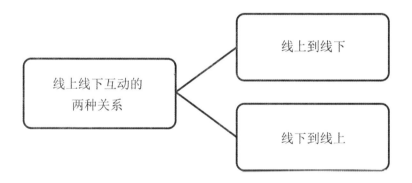

■ 线上到线下

线上到线下是最常见的O2O营销模式，其表现形式为从线上交易到线下消费体验。从2011年年初开始兴起的生活服务类团购，无一不是在线上完成交易，在线下用户消费体验服务。所以一直以来，线上线下营销模式都被定义为线上线下的互动，很多人都以为O2O营销就是这个模式。

其实线上到线下还分为两种模式，如下图所示。

一种是以携程为代表的在线旅游模式，用户通过线上购买机票或者预订酒店，然后可直接乘坐飞机或入住酒店。

另一种是线上购买优惠券模式，如线上购买肯德基、麦当劳等优惠券，在线下实体店消费时出示，享受优惠。这种模式在互联网的发展早期即已出现，将线上的人群引到线下消费，给线下实体店带来更多的客户，同时让消费者更方便、快捷、实惠。

■ 线下到线上

在线下到线上模式中，消费者完成的是线下扫描二维码、线上交易的O2O营销模式，恰好是O2O营销模式的反推应用。

这个模式其实在日韩国家早就流行了，最典型的代表便是借助二维码进行的营销。如1号店在地铁站贴的带二维码电子标签的商品海报，吸引过往行人扫描二维码，在线上实现交易。

在传统行业中，航空与保险业可以算是线下到线上的先驱，其中机票和保险的电商化便是典型的传统线下服务商从线下到线上模式。

以机票购买为例，早在2011年，南方航空、海南航空、东方航空和国航便已建立了电子商务平台。在传统线下销售中的中间复杂过程曾经给消费者带来大量困扰，而通过建立线上平台，中间环节被顺利解决，通过直接针对具体客户的服务，航空业得到了自己所需。

营销提醒

　　无论在什么行业兜售商品或者服务，要想进行O2O营销，就必须掌握线下线下互动的两种关系，从而完成线上线下的消费信息核对，让商家可以针对大量的消费数据进行用户消费习惯的分析，从而不断改善对消费者提供的服务，有效实现O2O完整闭环。

牢牢黏住O2O客户的营销策略

增加用户黏性是O2O营销过程中最重要的一个环节，也是O2O商家最犯难的地方，O2O商家在与客户沟通的过程中发现用户黏性是最大的问题，有了用户但不活跃，从而在线上、线下产生的价值也就少之又少。那么O2O商家的黏性究竟如何提升呢？

答案即是：整合营销，发掘更多的潜在客户。

在移动互联时代，人们足不出户就能获得海量的信息，还可以与这些信息之间实现互动。很多人从中看到了巨大的商机，并已经在积极地摸索与利用。

通常来看，要发挥出移动互联网营销的良好效果，需要具备较强的整合能力。

那么，什么是整合营销呢？

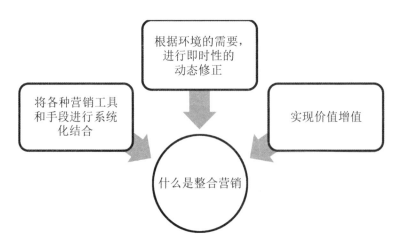

通过研究发现，几乎每一个成功的O2O营销案例均与出色的整合能力有关。

整合性的工作通常具有系统性的特点，需要制订完善的营销计划，这样实行起来，才能够井井有条。

此外，在O2O营销模式的选择上，不要局限于单一的营销模式。这是因为，整合营销本身就意味着将多种营销模式进行整合。这样可以在更大程度上调动各种资源，实现营销目的。同时，还要注意对营销质量进行跟踪检测，从而不断优化整合的效果。

从现在的发展情况来看，移动互联网营销具备快捷、高效、低成本、易操作等特点，受到了很多商家的欢迎。不少商家也借助微博、微信等微平台推出O2O营销活动。一般说来，微博上的关系是弱关系，有助于商家在微博上发布内容。而微信则具有明显的强关系特点，而且覆盖面广，可以作为商家一个低成本的服务平台。

如果商家能够把浅社交、泛传播、弱关系的微博平台，与深社交、精传播、强关系的微信平台整合起来，无疑会对O2O营销产生积极作用。

■ 体验式营销：接近产品与消费者的距离

在O2O营销里，体验式营销已经逐步渗透到每个角落。

所谓O2O体验式营销，指商家通过采用让目标顾客观摩、聆听、尝试、试用等方式，使其亲身体验商家提供的产品或服务，让顾客实际感知产品或服务的品质或性能，从而促使顾客认知、喜好并购买的一种营销方式。

体验式营销以满足消费者的体验需求为目标，以服务产品为平台，以有形产品为载体，生产、经营高质量产品，拉近商家和消费者之间的距离。

那么，O2O体验式营销主要有哪些策略呢？

情感式营销策略	感官式营销策略	行动式营销策略
• 情感式营销是在营销过程中，要触动消费者的内心情感，创造情感体验，其范围可以是一个温和、柔情的正面心情，如欢乐、自豪，甚至是强烈的激动情绪。	• 通过视觉、听觉、触觉与嗅觉建立感官上的体验，它的主要目的是创造知觉的体验。感官式营销可以区分商家和产品的识别，引发消费者购买动机和增加产品的附加值等。	• 行动式营销策略是通过偶像、角色（如影视歌星或运动明星）来激发消费者热情，使其生活形态改变，从而实现产品的销售。

关于O2O体验式营销，有以下几个关键特点可供商家参考。

◎ 站在顾客体验的角度，去审视自己的产品和服务。体验的产生是一个遭遇、经历一些处境的结果。商家应注重与顾客之间的沟通，发掘他们内心的渴望，站在顾客体验的角度，去审视自己的产品和服务。

◎ 增加产品的体验含量。当咖啡被当成"货物"贩卖时，一磅可卖三百元。当咖啡被包装为"商品"时，一杯就可以卖一二十元。当其加入了"服务"，在咖啡店出售，一杯最少要几十元至一百元。但如能让咖啡成为一种香醇与美好的"体验"，一杯就可以卖到上百元甚至是好几百元。增加产品的体验含量，能为商家带来可观的经济效益。

◎ 增加消费体验。营销人员不再孤立地去思考一个产品，要通过各种手段和途径来创造一种综合效应以增加消费体验。不仅如此，而且还要思考消费所表达的内在的价值观念、消费文化和生活的意义。

体验消费情境使得在对营销的思考方式上，通过综合地考虑各个方面来扩展，并在较广泛的社会文化背景中提升其内涵。顾客购物前、中、后的体验已成为增加顾客满意度和品牌忠诚度的关键决定因素。

◎ 从顾客理性的角度去开展营销活动。一般说来，顾客在消费时经常会进行理性的选择，但也会有对狂想、感情、欢乐的追求。商家不仅要从顾客理性的角度去开展营销活动，也要考虑消费者情感的需要。

◎ 设定一个体验主题。可以说，体验式营销是从一个主题出发并且所有服务都围绕这个主题，或者其至少应设有一个"主题道具"，如一些主题博物馆、主题公园、游乐区，或以主题设计为导向的一场活动等。并且这些体验和主题并非随意出现，而是营销人员精心设计出来的。如果是误打误撞形成的则不应说是一种体验式营销行为，在这里所讲的体验式营销是要有严格的计划、实施和控制等一系列管理过程在里面，而非仅是形式上的而已。

体验式营销是五花八门的，体验式营销的方法和工具也是种类繁多，商家要善于寻找和开发适合自己的方法和工具，并且不断推陈出新。

■ 社会化营销：提高线上、线下的流量

说到O2O的社会化营销，很多人会问：O2O的社会化营销和社会化网络营销是什么关系？

社会化网络营销，是通过社会化网络，以创意的营销内容，让消费者交流，实现品牌和消费者的双向沟通对话，建立消费者与品牌的长期互动关系，从而提高品牌的口碑和销量，同时通过消费者的参与和消费体验，影响并带动他们的朋友参与购买或讨论，形成品牌认识。所以，社会化网络营销关注让品牌更有认知的营销内容。

在本章的第二节我们说过，O2O营销分线上和线下两种关系，不管是线上还是线下都有流量和内容。

O2O的社会化营销注重什么？就是线上和线下这些流量与内容的相互投射，不管是线上还是线下的流量和内容，只要投射准确，就会产生营销价值。流量和内容都需要渠道来实现，无论是线下还是线上。

所以，O2O的社会化营销不仅包括社会化网络营销，还包括在流量和内容渠道中相互投射的那个"2"即行为。

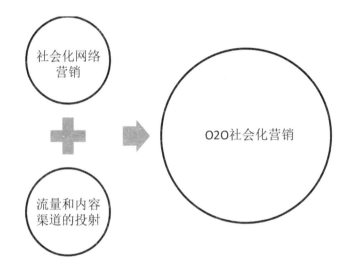

比如下面给出的两个场景。

场景一：通过当当网搜索某本书，看了该书的介绍，订购了些书，然后在新浪微博上分享此行为。很多好友看到了，转发了微博。

场景二：在地铁站看到当当网该书的宣传海报，通过手机二维码识别购买了此书，并通过新浪微博分享了此行为，很多好友看到了，转发了微博。

第一个场景就是社会化网络营销。当人们在转发微博的时候，关注的是这本书的价值，而不是"转发"的价值。他们转发时通常会有这样的问题："这本书写得如何？""你怎么喜欢看这样的书？""我是不是也要去买一本？"等。

第二个场景就是O2O社会化营销。当人们在转发微博的时候，除了关注第一个场景的问题外，还会关注"转发"这个行为。他们转发时通常会有这样的问题："波哥真好学，逛街不忘买书。""这本书放在哪个地铁口呀？"等。

O2O社会化营销的特点是把客户的行为和营销的内容结合在一起。通俗地说，就是不管在何时、何地都能和客户进行沟通，了解客户，并快速有效地回复和满足客户的需求。因此这两点才是O2O社会化营销所考虑的，所以，它首先是社会化营销，其次才是在此基础上关注消费者行为如何和社会化营销内容相结合。

下图从O2O的社会化营销的4个优势来看其是如何将线下和线上的流量和内容相互投射，达到新的营销境界。

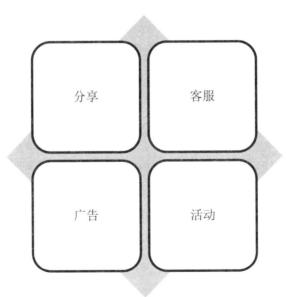

这四个优势同时也是O2O的社会化营销模式中最重要的四个，每一个模块都是必不可少的。

■ 直复营销：传播个性化产品和服务的最佳渠道

直复营销即"直接回应的营销"，简称直销。

美国直复营销协会将直销定义为：运用一种或多种广告媒介在任意地点产生可衡量的反应或交易。直复营销是个性化需求的产物，是传播个性化产品和服务的最佳渠道。

直复营销分为以下五大类。

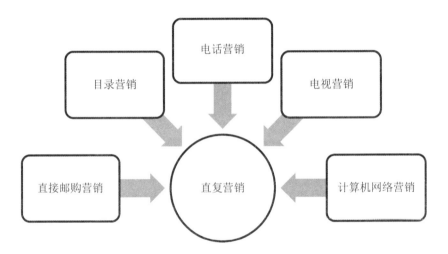

随着电子商务的蓬勃发展，APP已经成为一种新的直复营销渠道。

直复营销的关键点是受众的精准性。在移动互联网时代，以LBS为基础，"任意地点"不再任意，而是变为有针对性的地点，商家完全可以通过消费者手机中的APP，实现在特定地点向消费者发出"购买邀约"。

O2O直复营销的体验正在发生改变。O2O直复营销和数据库关注的是每个消费者和潜在消费者的行为。它们根据消费者过去的购买行为来预测未来的行为。这些信息是以个人为单位进行处理的，即使消费者数以万计，仍可用它来分析个人行为并作出决策。

最适合O2O营销的4大行业

2016年最热的创业领域应该属于O2O，从餐饮到美容业，从医药到外卖，可以说渗透到生活的各个领域。然而，最适合O2O营销的有4大行业：餐饮、化妆品、外卖、零售业。

■ 餐饮连锁行业：无须顾忌库存压力

餐饮连锁行业具备O2O营销的天然应用特点，需要强调的是，O2O营销其实是帮助餐饮连锁企业赚钱的业务。

那么，餐饮连锁行业如何进行O2O营销呢？

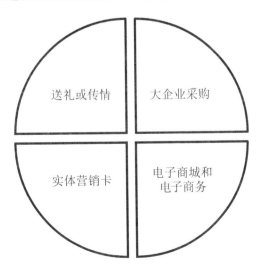

◎ 大企业采购。对大企业采购连锁餐饮商品而言，使用O2O营销有以下几个好处：

1. 不用预先购买商品，资金占用的风险就不存在了，也不会出现浪费的情况；

2. 可以灵活地调整顾客不喜好的商品，宣布"下架"，无须顾忌库存压力；

3. 顾客自己领取礼品，省去配送成本，可以给顾客更多回馈，同时不便邮寄的物品也可以兑换；

4. 物流配送方式多样化，很多服务类产品，如麦当劳套餐等，不适合用传统的物流配送完成。

大企业采购业务的实施有以下几种方式：

实物营销	积分兑换	电子优惠券
中国移动、银行等集团客户常见的实物销售有开卡送、充值送等多种形式。	移动、银行等集团客户有很多积分，中国移动每年的积分兑换商品金额多达几十亿元，各大银行的信用卡也都有积分兑换。	典型的折扣券应用有中国移动的12580电子折扣券，以及中国移动、银行各类营销活动中赠送的商品折扣券等。

◎ 电子商城和电子商务。同移动积分商城相似，大型银行通常也有电子商城，餐饮连锁企业可以加入银行的电子商城，并通过网上支付系统为网上商户和客户提供支付结算服务，从中获取利益。也可以去天猫、京东、团购网站等开展生活服务类电子商务，这类电商的生活服务类内容也比较多。

◎送礼或传情。为挖掘餐饮连锁企业的送礼市场，可以采用O2O
式的"送礼"服务。集团或个人用户向餐饮连锁企业采购电子礼品后，
可以通过短信、WEB、手机APP等方式赠送礼品给自己的客户或亲朋
好友。

◎ 实体营销卡。很多O2O营销不一定使用手机扫二维码的营销方法，
像麦当劳hello kitty卡、麦当劳GC券。这些实体卡的使用打破了二维码必
须通过手机传输的固化思维，取得了良好的市场效果。对商家来讲，可增
加商品销售、拓展礼品市场、促进产品宣传。

■ 零售行业：牢牢坐稳销售冠军宝座

2015年对电子商务是高歌猛进的一年，而对传统零售行业来说则是阵
痛蜕变的一年。危机在带给零售业压力的同时，也推动了新的商业模式的
形成。

在抱怨和叫苦声中，零售行业开始寻找变革之路，或开设网店，或打
造电商平台，或O2O。其中O2O营销成绩斐然，取得了较大的成功。O2O
不是互联网的专利，对于传统零售业来说，O2O营销提供了一种手段，让
传统零售业牢牢坐稳销售冠军宝座。

下面是零售行业O2O营销的策略。

◎ 线下→线上→线下的方式。举例来说，7-11便利店将优惠券通过手机推送给客户，当客户拿到优惠券后，到最近的门店就可以享受到优惠。然后门店再通过相应的验证系统，把这一信息反馈给供应商，对顾客进行精准营销。通过这些活动的开展，7-11便利店每个月可以平均新增20多万元的销售额。

◎ 线上→线下的方式。通常情况下，商家会把二维码放在门店的收银处或其他显眼的地方，吸引顾客扫码，进行二维码验证平台与系统的对接。这样，商家就可以将特色商品放到公司网站和淘宝相关平台上进行销售，顾客可以在通过第三方支付平台进行支付后，获得系统自动推送的优惠券。凭这个优惠券可以到门店领取商品，再把相关的信息反馈到平台。

◎ 线下→线下的方式。便利店在通常情况下是不会搞促销活动的，它们一般是通过发放优惠券的方式吸引顾客。如7-11便利店在2015年的3个大型促销活动，包括刮刮卡、买清酒送蒸酒、与娃哈哈合作的抽奖卡活动，主要就是通过优惠券的方式来完成的。

通过线上线下互动的优惠券模式，每个促销活动平均销售同比增长了30%，而且也进一步规范了销售。

■ 化妆品行业：利用微淘实现双赢

相比其他行业来说，化妆品行业进行O2O营销要花力气些。比如餐饮业做O2O营销，渠道、店家以及品牌是三合一的。但化妆品不一样，面临的利益方会更多，有百货公司，有屈臣氏，有各个品牌方。作为化妆品商家，又多了微淘这个利益方，设计一个可以兼顾各方利益的方案就会很繁杂。

线下渠道已经积累了各种各样的客户管理方案，即过往线下已经有一套或者几套客户管理系统或促销员管理系统。比如有些品牌是促销员卖掉一件货以后，用手机记录一下；而有些已经做得很先进，可以直接在厂家系统里扣除，比如欧莱雅等。不过这里面有些是自有渠道的会员系统，有些是品牌的会员系统，如果要打通，可能又需要一个平衡各方利益的复杂方案。

所以，对化妆品行业的商家来说，基于移动端的微淘可能是一个很好的机会，因为移动端和O2O天然联系得很紧密。

那么，化妆品行业的商家可以利用的O2O营销方法如下图所示。

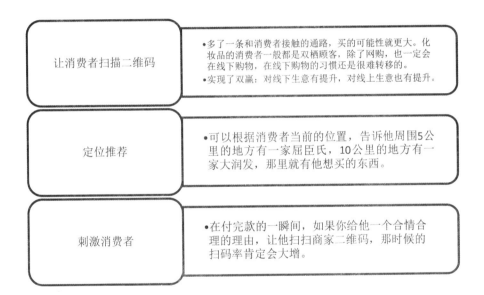

让消费者扫描二维码
- 多了一条和消费者接触的通路，买的可能性就更大。化妆品的消费者一般都是双栖顾客，除了网购，也一定会在线下购物，在线下购物的习惯还是很难转移的。
- 实现了双赢：对线下生意有提升，对线上生意也有提升。

定位推荐
- 可以根据消费者当前的位置，告诉他周围5公里的地方有一家屈臣氏，10公里的地方有一家大润发，那里就有他想买的东西。

刺激消费者
- 在付完款的一瞬间，如果你给他一个合情合理的理由，让他扫扫商家二维码，那时候的扫码率肯定会大增。

■ 外卖行业：不是为了做外卖而做外卖

外卖行业进行O2O营销的第一步就是通过平台，帮助商家解决经营上的问题，然后才能整合行业资源推行O2O营销。

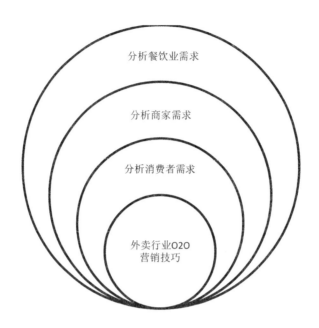

首先，分析消费者的需求。外卖行业一直处在一个增长阶段，越来越刚需了，消费场景也越来越多。

从商家角度出发，肯定要增加营业额，增加用户。

餐饮业也有很多需求，外卖是其中一个需求，现在来讲，餐饮普遍做得不是很好，不像外面看起来那么繁荣，只是每年有很多新兴的餐饮企业，大的基数在增长。

有数据说餐饮有两万到三万亿元的市场，这是一个虚假的数据，因为每年都有企业死掉，而每年又有新的企业创立，这个数据只能说开店的速度在增加，并不能说明整个行业的盈利在增长，很多商家的毛利率和净利率是较低的，甚至亏损，很多餐饮企业在倒闭，整个行业经营不是很好。

中国的餐饮行业正在经历一个洗牌期，这个行业就是大行业、小企业。在中国，经营得好的餐饮企业很容易拿到钱，快速地扩张和兼并，不好的就会被淘汰出局，这个行业就是大鱼吃小鱼、快鱼吃慢鱼的形态。

餐饮行业里，做得好的和做得不好的都有需求，分析商业的本质，不是为了做外卖而做外卖，要找到痛点。

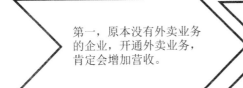

第一，原本没有外卖业务的企业，开通外卖业务，肯定会增加营收。

第二，对于大的企业来讲，可以做集团化、多元化运营，在行业不景气的时候，可以分散风险，业绩不至于直线跳水。

此外，商家还要考虑到，如何做到人力成本不增加，增加翻台率，增加营收。

餐饮企业是典型的四高一低：高房租、高人工、高能源、高原材料、低利润。餐饮商家要做的是"开源"和"节流"。商家通过外卖，可以为企业增加新的营收，增加到店的客人。

商家把商户体验摆在非常重要的位置，既重视用户体验，又重视商户体验，别的公司都在考虑怎么样满足消费者、掌握菜单的功能，"饿了么"和"美团"就是把菜单抓过来，这个东西一天就能上线，太好抄了，他们没有任何壁垒，代码都可以让别人帮着做。

消费者是没有忠诚度可言的，如果别人的东西更便宜更好，他们就马上跳过去，所以商家们不会去死磕这个市场。

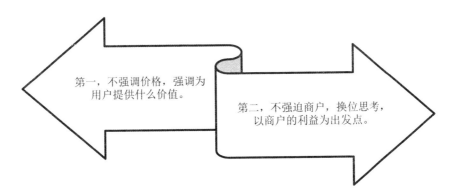

第一，不强调价格，强调为用户提供什么价值。

第二，不强迫商户，换位思考，以商户的利益为出发点。

营销提醒

除了上面4大行业外，对于其他行业来说，只要符合下述几个特点也是适合进行O2O营销的。

◎ 企业产品要有足够高的客单价，因为没有足够高的客单价，用户就很容易失去耐性。

◎ 企业品牌要有特色，包括品牌的服务特色和产品特色两方面。

◎ 企业要有独立的O2O运营平台，如独立官网、独立APP、独立的天猫和京东店等，避免和现有的B2C模式混合在一起。

O2O营销案例解析

O2O营销之所以受商家热捧，是因为它有很多成功案例，下面介绍几个案例，来深入了解O2O营销的魅力。

■ 东风雪铁龙：汽车行业O2O营销的典型

汽车作为一个特殊品类，商家一直在寻找其与移动互联网的结合点，无疑O2O是很好的尝试。

汽车作为一件商品，有其特殊性，时至今日，其最终成交仍需依靠线下。因此，如何在线上搜集线索并顺利转化至线下，也就是所谓的O2O，既能不流失，又有所促进，是最大的考验。本案例即是一个典型。

2013年8月天猫汽车节期间，东风雪铁龙天猫旗舰店总访客数达40万人次，为线下4S店带去9000余条购车"线索"，在线整车销售281台。

天猫汽车节活动是东风雪铁龙自2013年4月份入驻天猫以来首次参加的大型线上销售活动，东风雪铁龙提前3个月开始进行策划和组织。

截至活动结束，东风雪铁龙入驻天猫只有不到4个月。而随后的"双11"当天，雪铁龙完成了2114万元的销售额，832辆车的销量相当于其一家经销商近半年的销量。

汽车因商品的特殊性，实现在线交易总是无法脱离O2O的框框。与普通消费品不同，汽车结构复杂，动辄售价数十万元，无法单纯凭借线上完成交易。看车、提车、上牌、保险等流程都离不开经销商的支持。

从长远来看，线下渠道所承载的功能将在相当长的一段时间内延续下去，汽车厂商想绕开经销商几乎不可能。

线下4S网点是实现O2O闭环销售的重要环节。对汽车厂商而言，最伤脑筋的莫过于如何联动网点开展活动。怎么做到不影响网点的业绩考核？购车款项的财务流程怎么调整？4S网点如何承接电商渠道获得的销售线索？

这些细节问题如果无法解决，就无法调动线下网点的参与热情，而网点的配合程度也决定了消费者的购物体验。

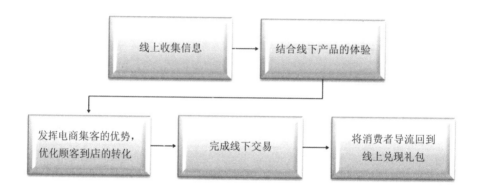

为了加强4S店对活动的理解和执行，一方面对网点进行多渠道培训，让网点充分了解活动内容和执行方式；另一方面，通过数据分析、消费者调查等方式，对网点的执行情况进行检核，以确保活动能够充分落地。

在开辟电商阵地的初期，东风雪铁龙为了让线下网点能够在电商渠道获得更多利益点，电商渠道不向网点收取任何手续费，以此调动网点参与的热情。

线下网点开始铺垫的同时，线上渠道方面的重中之重在于积蓄人气。在预热阶段，雪铁龙选择和淘宝试用中心联合开展试驾体验活动，吸引消费者前往网点参与专场试驾活动。

进入到预售阶段，吸引目标消费群体的关注就成了关键。想要做到这点，策略很简单，首先通过"指定车型闪购"蓄积人气，结合新款产品的高频度曝光进行活动传播。继而借助4S店宣传物料布置、区域媒体推广等方式，将线上活动延展到线下。

汽车属于大宗消费商品，涉及的成交金额较大，在支付环节上，消费者在网络上支付大笔资金，会有安全方面的担心。

另外，网络资金的流转，需要一定时间，与经销商原来的财务流程不符，肯定会影响消费者及时提车。

东风雪铁龙采取网络下单并将销售线索分配至网点、由网点进行线下跟进收取尾款并完成最终成交的方式进行操作，减少线上资金的流转压力，打消顾客疑虑，也让网点能够及时回笼资金，做到及时交车。

简单来说，雪铁龙现阶段的O2O尝试由购物网站进行前期营销传播活动积累用户，汽车厂商通过站点建设和运营收集消费者意向，而经销商网点通过线索下派获取意向客户，最终引导成交。

在本案例中，东风雪铁龙藉由线上信息的收集，结合线下产品的体验，发挥电商集客的优势，优化顾客到店的转化；在完成线下交易的同时，再将消费者导流回到线上兑现礼包。完善的活动设计，充分发挥天猫平台优势，取得最大的销售业绩，确实值得参考。

需要强调的是，除了避免与传统经销渠道产生竞争的顾虑外，并非所有车型都适合以O2O营销来追求销售数字。车企不应一味地追求O2O平台的销量，而要从自我的市场定位与需求出发，制定适合不同渠道的KPI，作为每一场电商战役的考核目标，这样才能真正用好电商平台，体现电商的最大效益。

■ 新辣道鱼火锅：推出新的O2O营销模式

新辣道鱼火锅是成立于北京的一家餐饮企业。经过近十年的发展，新辣道逐渐建立了一个独立的发展体系。公司有近千名员工，年营业额过亿元，旗下也拥有了众多直营店，甚至拥有自己的现代化配送中心和生产基地。

当然，新辣道在发展过程中也经历了很多难题和困境。作为一家火锅店，他们在O2O营销中的痛点很明显，如下图所示。

面对这两个痛点，新辣道采取了打造差异化的营销方式，避开痛点，走自己的优势道路。

首先，新辣道走团购路线，用优惠价格引导线上的用户到线下消费体验。这种方式吸引了大量用户关注，由于价格低廉、服务优良，于是，新辣道在同行中的竞争优势越来越明显。

其次，为了降低成本，新辣道放弃了巨额制作广告的做法，而是采用多渠道的推广方式加强O2O模式营销，比如建立了微博、微信，甚至还与百度地图等各大平台合作。此外，他们也从不排斥任何新奇的互联网、移动互联网产品等。这正是新辣道开放和创新的一个表现。

新辣道在微信中推出各个新辣道店面的微信公众账号，在平台中发布具体活动、优惠信息，还推出电子会员卡来留住线上用户。此外，他们还将开发微信线上支付、线下体验的O2O营销方式。

新辣道作为一家连锁火锅店，在营销中开发创新，推出新的O2O营销模式，有效引流线上用户到线下。这样不但加强了自身的竞争优势，而且还为提升企业的知名度打下了良好基础。

■ 卖座电影APP：采用团购模式

O2O营销面临的市场是分散化的、但是总体规模巨大的市场，针对不同的行业、不同的服务，O2O可以有不同的实现方式。"卖座电影"APP就是电影行业的一个典型O2O案例。

"卖座电影"采用团购模式，这是大家最熟悉的一种O2O营销模式，也是大家最容易理解的。团购就是在买家与卖家中间起媒介的作用，让买家觉得买的东西比平时更低价，让卖家能快速卖出自己的东西，提高收入。

当团购网站异军突起，上演"千团大战"之时，笔者也曾观察过一段时间，并真心觉得团购给消费者带来了实惠。

比如，一张价值近百元的3D电影票，团购只需二三十元；一顿价值200元左右的双人午餐，团购只需80元左右就能约上朋友好好地吃上一顿。

这样便宜的好事，抛开服务位置远近与预约等门槛不计，消费者自然喜欢，并且乐意掏腰包去体验。

用户可直接通过"卖座电影"APP购买打折优惠电影票，并提供最新影讯查询、周边影院定位等功能。用户如需用其购票则需注册，如只是查看电影信息，则无需注册。

用户进入APP后，会定位其所在地，推荐所在地电影院上映的电影，用户如想观看，可以点击"立即购票"，按流程完成订单。

■ 万汇网：三大引流法宝制胜

万汇网是万达广场的O2O智能电子商务平台，业务范围覆盖餐饮、百货、影院、KTV等娱乐项目，可以为用户提供广场活动、商品导购、优惠折扣、电影资讯、美食团购等综合性服务。

作为立足于本地的商业地产项目，万达旗下的电子商务平台与其他平台相比具有先天性的差异化特征。与苏宁、国美等电商相比，万汇网似乎并不刻意强调其网上消费与购买支付功能，而是将其作为线下服务的线上延伸与补充。这意味着万汇网通过线上进行线下引流，实则充当的是线下的导流平台，而非实物类的购买平台。

正如王健林所说，新上线的万汇网没有任何淘宝、腾讯、百度、京东的影子，自成一派，业务面集中在纯O2O上。相对于过去传统百货习惯于转投B2C的发展路线，这是一种新的探索。

万汇网希望通过电商最终确立其会员体系，利用移动终端的设备导流，最终将消费者的消费习惯、消费兴趣、消费额度等信息掌握起来，从而进行大数据分析与共享。万汇网收集这些数据不仅是着眼于更好地为消费者提供服务，同时更是着眼于未来。掌握会员群体，就可以为促销、新产品试销等提供支持和保障。

万汇网有三大引流法宝，如下图所示。

微信与微博是必不可少的导流法宝。如果双微平台已经积累了一定粉丝量，那么就会成为一个很好的导流工具。通过定时发布和转发热门信息、私信等功能，吸引粉丝关注。

通过问答等WIKI平台进行精准引流，像百度知道、搜搜问答、天涯问答、新浪爱问等几大主流平台都是很好的发布区域。关注问答平台的用户，往往都是具有刚性需求的消费者，其转化率往往都很高。

做好回访和评论，其实这是很简单但却很难坚持的方式。对于小企业主来说，能够将简单坚持至极致，其效果往往是难以估量的。小米在最开始做社区口碑时，也是几个程序员采取及时回复的方式，积累了最初一批骨灰级粉丝。

第 **7** 章

微博营销：品牌裂变式传播

微博营销是微博催生的一种营销方式，利用140字内容与大家交流，传播企业、产品的信息，树立良好的企业形象和产品形象，达到营销的目的。微博的火热，让越来越多的人注意到微博营销背后巨大的商业价值。

什么是微博营销

所谓微博营销，是指企业通过微博平台向消费者宣传产品、企业形象等的一种营销方式。也是指商家或个人通过微博平台发现并满足用户的各类需求的商业行为方式。

微博营销有5大特点，如下图所示。

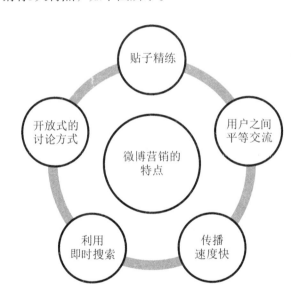

■ 内容精练

微博贴子的最长长度为140个字符，这就使得微博的帖子很精练。商家可以发很多条贴子，信息量有所增加。另外，它也让微博的评论和回复变得更容易、更精炼。

■ 用户之间平等交流

不管微博的用户是什么样的人，在微博上大家都是平等的，你不仅可以关注自己的偶像并看到他们的帖子，还能与他们进行互动交流。另外，微博上的帖子及评论通常比较轻松，与其他相对严谨的媒体而言，更容易促进用户之间的平等交流。

由于多数微博平台都提供认证功能，这使得从微博上能更容易找到经过认证的、信息可靠的人或企业，这也为微博上的社交铺平了道路。

■ 传播速度快

利用微博营销，只要你发的贴子内容有价值和亮点，你的粉丝可能会转发你的贴子，这样，粉丝的粉丝也可以看到你所发的贴子。如此循环，有时，你发的贴子可以在很快的时间内传播给很多的人。

我们经常可以看到，一些重要的、新鲜的、有价值的或有趣的信息在微博上的传播速度非常快，让人们经常不得不感叹微博传播的威力。当然，在最初使用时，可能由于你的粉丝很少而比较难看到你的帖子被快速地传播，这种情况也会发生在那些本身看起来就很枯燥无味的帖子上。

■ 利用即时搜索

用户可以随时发布微博，同时，前面提到过，微博中还可以随时搜索到所有用户发布的帖子，包括用户最新发布的。

百度等传统搜索引擎通常并不能保证网站上刚刚发布的信息就能被用

户搜索到，因为它们抓取页面需要时间。

利用即时搜索，可以很容易地搜索两类信息。

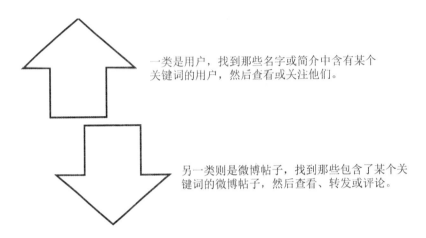

一类是用户，找到那些名字或简介中含有某个关键词的用户，然后查看或关注他们。

另一类则是微博帖子，找到那些包含了某个关键词的微博帖子，然后查看、转发或评论。

■ 开放式的讨论方式

凡是在微博上所讨论的话题都是开放式的，所有的人只要想参与，都可以参与进来。当你在讨论一个话题时，每个时间段都可能有不同的用户"从天而降"参与到讨论中，不同用户的参与使得微博的讨论常会产生更多新奇的观点。

相比其他移动互联网社交平台来说，微播的这种开放式的讨论方式要先进一些。比如，微信开展群讨论，首先必须加进去才行。另外，一些微博平台也提供了"微博群"的功能，主要是为了让一些有相同需求的用户发布一些不想让外部看到的信息，当然前提是这些人都要加入到这个微博群里。

关于微博的未来，我们虽不能完全预见，但有一点我们可以肯定，微博将在移动互联网营销中扮演举足轻重的角色。

微博营销从注册微博账号开始

注册微博通常是先进入各相关微博的首页，然后点击相应的注册按钮。如果你本来就在某网站（如新浪、搜狐、网易或腾讯等）拥有相关的邮箱账号，则可以直接登录，最多再开通一下即可。

例如，注册新浪微博，可以先进入其首页：http://weibo.com，然后单击"立即注册微博"按钮。

如果要注册其他微博，则可以打开以下相关地址：

◎ 腾讯微博：http://t.qq.com，然后单击"立即开通微博"按钮。

◎ 搜狐微博：http://t.sohu.com，然后单击"立即注册微博"按钮。

◎ 网易微博：http://t.163.com，然后单击"立即注册微博"按钮。

◎ 凤凰微博：http://t.ifeng.com，然后单击"立即注册微博"按钮。

下面是新浪微博的注册步骤。

第一步：在新浪微博首页单击"立即注册"按钮后，会出现注册页面。

第二步：填写手机号或邮箱、密码、昵称、性别、所在地及验证码后，单击"立即注册"按钮。

第三步：系统会提示你到注册时用的邮箱中去查看确认信。

第四步：按邮箱中的提示，点击注册确认链接，即可激活你的新浪微博账号，并进入提示注册成功的页面。

第五步：单击"进入我的首页"，即可进入到你的微博首页。

除了上述的微博首页外，还有几个经常用到的微博功能页面，在最初使用时要有所了解。

◎ 第一个是"我的微博"，其功能是查看自己发布过的微博，其中还可以分为"全部"、"原创"、"图片"、"视频"及"音乐"来查看，还可以通过搜索某些关键字来查看你的微博，甚至一些微博还设有"高级搜索"的功能。同时，该页面上还可以看到你的微博地址、认证信息及简介等信息。

◎ 第二个是"@提到我的"页面。这个页面与"我的首页"很类似，但是用来显示别人@你的微博信息，上方还有你被@的条数。有时还可以分成"@提到我的微博"及"@提到我的评论"两类。

◎ 第三个是"我的评论"页面。这个功能页面主要显示评论的信息，分为"收到的评论"及"发出的评论"两类，还可以按"全部"、"我关注的"及"陌生人"三类方式来查看。

◎ 第四个是"我关注的人"与"关注我的人"的页面。前者是所有你关注的人，他们发的微博会显示在你的微博首页上，其中还可以按全部、互动关注、未分组及各类已归类分组等方式查看。同时还可以按关注时间、最新更新、昵称首字母、最近联系及粉丝数的顺序进行查看。

后者的页面与前者类似，主要用于查看关注你的人。前者可以随时取消关注或求关注；后者可以随时加关注、移除粉丝或发私信。

◎ 第五个是"私信"页面。这个功能页面用于显示你和他人之间的私信（只有你和给你发私信的人可以看见）。

其中，你可以单击每条信息右下角的"回复"按钮来回复别人的私信。另外，你与每个人的私信都只有一条记录，如果要查看你与他（或她）之间的全部私信，可以单击每条记录右下角的"共n条对话"。

最佳发布微博的时间和频率

目前微博已经成为互联网最火爆的应用产品之一，每天每个时间段都会产生很多新的微博。因为微博信息量大，大多数人通常没有办法读完自己的所有的微博，而是在某个时间段登上微博主页看看最新的内容，所以发微博的时间就显得十分重要。而商家进行微博营销必须有一个最适合的发布时间和频率。

■ 发布微博的频率和总数

发布微博的频率和总数是在实际微博营销中容易被忽略的一点。微博是一个信息急速扩张的平台，而人们的信息接收能力是有限的。不同于Web1.0时代由上而下的精英传播模式，大量信息的传递被接收到的效率相对较低，也容易引起关注者的反感。

根据实际情况的不同，微博条目的发布一般至少要间隔10～20分钟，让之前已经发布的微博"飞一会儿"，观察一下之前微博的回应和反馈，再向关注者传递新的信息。

而根据实际经验和投票调查，微博发布的条目总数每天应在10～20条，少于10条会让用户觉得企业的微博缺乏活力和投入，多于20条则会有信息臃肿、缺乏中心、过于"啰嗦"的倾向。

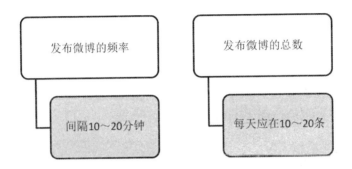

■ 发布微博的时间

由于微博营销的特殊性，微博的发布不同于普通工作的8小时工作制，每天24小时都有人不停地通过微博发布信息、获取信息。当然，商家并不需要做到覆盖这么广的时间段，相对最有效率的办法是选择人们使用微博的活跃时段进行主要微博营销信息的发布。

根据统计，微博是从早上8点钟左右开始活跃，在10～12点达到一个峰值，然后下午2～4点、晚上8～12点信息的发布量相比其他时段也较多。晚上12点过后信息发布量急剧下降，约在凌晨2点之后到达冰点。

商家发布微博的最佳时间如下图所示。

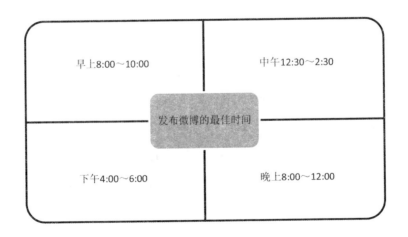

微博的基本设置技巧

对于微博营销的初级体验者来说，他们经常会遇到这样一个问题，如何设置微博呢？接下来，本节将从微博标题、自我介绍、贴子内容、结尾四个方面教大家设置微博。

■ 微博标题：言简意赅

对于微博有了解的用户会觉得惊讶，微博怎么会有标题呢？当然，微博并不像博客提供了标题的输入选项，但是在发布微博内容之前，完全可以将微博内容的主题用简短的几个字概括出来，用方括号或者其他符号与正文内容区分开，让人一目了然。

微博带有标题之后，更加易于其他用户迅速分辨和获取信息。同时，合理、精练的标题还有利于用户进行检索，也便于发布微博的商家自己对传播效果进行进一步的搜索和跟踪。

另外，通过话题模式用"#"将微博的主题单独列在微博之前，也是一种常见的给自己的微博加上"标题"的好方法，借助好的话题的帮助，微博通常可以得到较广泛的传播，同时吸引对此有兴趣的粉丝。

总结起来，写好微博标题的营销技巧如下图所示。

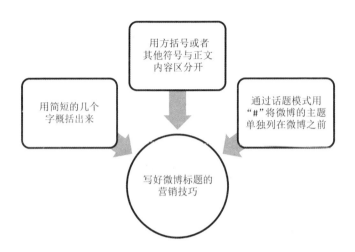

■ 自我介绍：简单扼要

消费者进商家的微博首页时，首先关注的并不是微博内容，而是微博的"自我介绍"。一个好的自我介绍，往往会使你的潜在粉丝关注你。

下图所示为微博自我介绍的写作技巧。

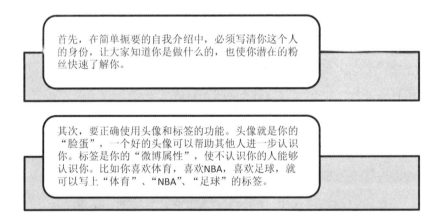

■ 140个字：第一句话特别重要

如何通过140个字表述自己的想法，这也是微博营销的重中之重。一个相同话题的微博，通过不同的表述方式，可能会产生不同的反响。

如何写好这140个字呢？

◎ 首先，微博的第一句话特别重要，活用"关键词#"这个功能，你想说什么，通过这个功能使大家一目了然。由于字数的限制，因此"开门见山"、直接开题就显得很重要。应简单扼要讲述微博的主要内容。

◎ 其次，就是比较难的遣词造句的能力，如何写好微博的"身体"，也是比较重要的，更是衡量微博内容好坏的主要标准。下图所示是3个写作技巧。

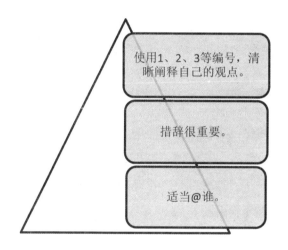

使用1、2、3等编号，清晰阐释自己的观点。

措辞很重要。

适当@谁。

■ 结尾：用一个疑问句或反问句

写好微博的结尾，往往用一个疑问句、反问句会有更好的效果。在当前的微博中，很多人往往会抛出一个话题，供大家讨论，这也是微博140个字的技巧。最后用上一个反问句或者疑问句，将会得到更多人的共鸣，引起话题讨论。

微博营销，内容为王

微博作为移动互联网的信息传播工具，它所传递的内容包罗万象，信息表达方式也是各种各样。说到这里，有很多人会说，微博的内容不就140个字吗？确实如此，但如果就此认为微博简单易写，可以随意发挥，那就是大错特错了。

■ 微博内容的三个原则

微博营销单单做基本设置是不够的，更重要的是后期的内容更新以及推广技巧。不要设置好一个微博，却放在那儿当摆设，不去更新它，或者是一天发一百条贴子，这样都是不正确的。平均每天发二十几条贴子就行了，但是内容一定要吸引人。

商家在编写吸引人的内容时，要遵循以下三个原则。

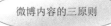

微博内容的三原则

有新意	对消费者有实用性	有自己的特点
●内容要有足够的新意，有足够吸引人的地方。 ●微博发布的内容至少要使得微博主页面信息不至于空洞无聊，要多从客户的角度考虑，思考他们对营销微博中什么样的内容感兴趣。	●发布的信息要有实用性，能够对用户有一定的帮助。 ●可以是向用户提供商品的促销信息或者折扣凭证、发放奖品等。	●注意发布的微博内容要自成体系，在表达方式、内容倾向等方面拥有自己的特点并能长期保持这种一致性。 ●个性化的微博可以增强用户的黏性，使信息能被持久地关注。

■ **微博营销发布的内容类别**

那么，微博营销究竟该发什么内容呢？

这是一个难以回答的问题，也很难有非常准确的回答。每个人都有不同的性格和喜好。事实上，营销人员也不可能做到所有发布的内容都有趣、有用。因此，将内容定位在商家能够发布的内容和用户所偏好的内容之间的一个交集之中，是内容策略的关键所在。根据发布具体内容的不同，微博营销者通常发布的信息总结为以下六种。

产品信息	•产品本身具有时尚性、趣味性，或者具备自身独特性的商家通过微博发布产品信息，这些产品信息是商家的亮点，具备自己独特的传播力。这些产品本身就对应着某些人群的标签和品位，喜欢这些产品的粉丝们会乐于主动向自己的朋友分享这些信息。
对外发布的企业相关新闻	•商家在公开相关信息的时候应该注意词句的选用，对于重要的信息，要注意表现出正式和权威，防止出现歧义，在之后的回复和沟通中可以自然一些，做到友善和真诚。
社会热点新闻	•媒体类的微博营销者适宜于发布这些内容，他们拥有先天的获取资讯的优势，能够获取更早或者第一手新闻，敏锐的媒体嗅觉又能帮助他们分辨哪些信息将成为新的社会新闻热点。这些内容发布的及时性很重要，抢先发布往往就意味着成为传播的源头，带来巨量的转发。
娱乐信息和各类段子	•微博营销者要注意这些内容所占的比重，同时注意内容的特色，要结合图片、音频、视频等多媒体形式，通过多种信息结合，改变商家品牌冷冰冰的形象，使其更加生动和具有亲和力。
行业动态	•通过发布一些和商家有关的行业信息，可以使用户把商家的微博作为一个更广泛的信息获取渠道。
本地的生活服务信息	•有用的基于本地的信息服务通常能够得到该地区某一特定用户群的青睐，这些内容可以是天气提醒、本地新闻、本地有关政策的出台、本地某家大型商场的新开张等，甚至可以是结合商家自身的服务优惠、打折、团购等使本地用户能够确实享有利益的内容。

■ 微博内容的来源

在信息爆炸式增长的今天，微博的内容呈现出数量多、即时性强、影响力大、影响面广但持续时间短等特点，虽然之前对企业微博内容的原则及类别做出了分析，但很多企业仍然可能面临面对微博的内容规划无从下手、微博的内容来源不明确的困境。

尤其是很多本身十分大型的公司，将微博的运作交由一两个人，受到个人视野和能力、兴趣的限制，内容挖掘上往往具有局限性。即便最初有明确的定位，也存在着执行方面的问题。因此，了解微博的内容究竟可以从哪里来就显得十分重要。

微博内容主要有以下5大来源。

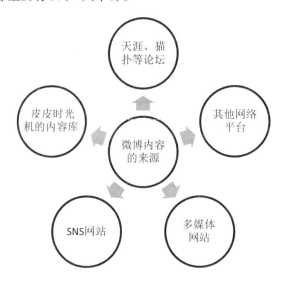

■ 微博营销内容的定位：个性化是关键

关于微博营销的内容已经有了上述诸多方面的叙述，在实际操作中，商家往往发现自己面临的问题不是没有什么内容可以发布，而是可供选择的内容太多而无所适从。从现实运营的层面看来，很多企业的微博营销内容没有规划，看不出重心，今天可能发几个有哲理的段子，明天又来推广一下自己的产品信息，有时候一天发布的微博超过20条，有时候一天又几乎什么动静都没有——对于这样的微博账号，普通用户直观的感受是它缺乏特色。

究其原因，是因为其微博内容没有定位。

做好内容定位，就是要从庞大的内容库中提取符合企业特质的部分，结合实际的热点、企业动态等即时信息，通过包括文字、图片、音频、视频等多种形式，全方位打造一个整体的内容体系，使企业的微博具有一定的区分度，通过这种个性化吸引更多的用户，提高微博运营的整体质量。

内容的定位，实际上是微博整体功能定位的一种反映。

以宜家为例，宜家在中国有很高的知名度，提供的产品都是价格适中的欧式家居用品，大部分需要自己动手组装。在中国，其消费者大多是年轻人，很多带有"小资"这样的称号，他们大部分是微博的忠实用户。宜家中国的新浪微博账号"宜家家居IKEA"偏向于服务性，常常举办线上活动，乐意与消费者沟通。因此，宜家微博的内容主要是通过精美新颖的图片，介绍自己新奇、有意思的产品，引导用户参与到互动中来，同时通过一些简单的活动为需要家居用品或者正在装修房子的潜在客户提供意见和帮助，还给积极参与的用户一定的奖励。

这样的安排体现出了宜家微博营销内容的明确定位——基于自身品牌的家居服务信息。这样的内容策略使得用户在进入宜家微博主页的数秒钟之内就能够得到一个主观的判断，对宜家品牌偏好的客户，正在购买家居用品，寻求装修意见的用户，很快就能产生兴趣。再通过适当的内容引导，激发消费者前往宜家实体店的欲望，能为宜家带来可观的收入。

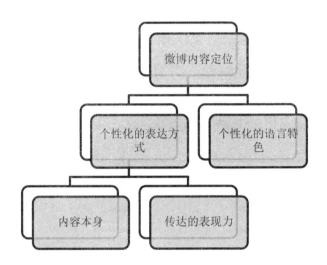

内容定位还包括企业要努力形成自己的个性化的表达方式和语言特色，"内容"的传达包括内容本身和传达的表现力，企业可以根据不同类型的需要或专业严谨，或轻松幽默，还要注意微博包含的信息量以及信息表达的清晰度，如果需要可能还要借助图像、音视频来配合文字的描述。

同样，由于微博带有网络传播的属性，受欢迎的拟表情标点符号，"颜文字"和各类搭配动画表情的巧妙利用，都可以给信息的接收者一种亲切感，使企业更加具有亲和力。

总之，无论是内容还是表达方式，微博营销人员都需要在按下"发送"键之前进行认真的考虑。

■ 注意抄袭的风险

微博营销者在发布一些转载内容的时候需要谨慎小心，做到既能借鉴现有微博，又不至于被指抄袭带来风险。

在知道原作者的时候在微博中一定要@原作者，或者在末尾用括号注明来源。对于某些转发量大、难以弄清原作者的微博，可以在开头或者结尾加上"转载"的字样，甚至可以加个代表"转发"的表情。

在选择发布内容的时候要谨慎，如果需要转载，尽量发布一些已经由众多微博发布、转发量巨大、作者不明确的。同时，在发布的时候进行一些加工和修改，同产品自身的特点、微博风格、定位进行一些适当的结合。

营销提醒

微博营销拥有高质量的原创内容才是吸引人的根本，通过灵活的变通，既能够利用已有的内容储备，又能结合产品自身的内容定位，创造出吸引人、有质量的微博，是做好微博内容营销的关键。

微博营销如何快速吸粉

除了微博内容的打造与维护，微博营销人员最重要的工作之一就是同微博用户建立良好的关系，保持畅通和平等的沟通，并对这种关系进行长久的维护。这种工作既包括吸引更多的粉丝，也包括对现有粉丝的维护和管理，提高已有粉丝的活跃度。

通常来说，微博营销吸引用户、进行互动以调动他们积极性的方法包括如下几种。

■ 有奖活动，提高参与度是关键

微博营销的有奖活动究竟该怎么做？——这是所有微博营销人员都需要面临的一个问题，而回答它的关键在于"参与度"。活动的设计人员需要结合企业的性质、奖品资源，通过创新的方式设计活动，使其创意与乐趣兼备，让用户通过某些形式深度参与这些活动，能够有一些更加有意思的体验。

凡客诚品被认为是微博营销的优秀实践者之一，它很善于利用奖品促销的形式调动微博粉丝的参与热情，其"抢楼送周年庆T恤""1元秒杀原价888元服装"等活动在微博一度引发粉丝参与的热潮。

在微博营销中增加粉丝参与度有四种方法。

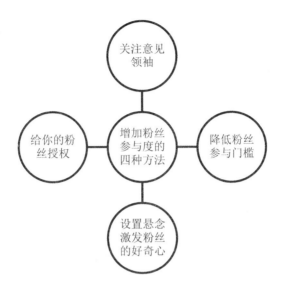

◎ 设置悬念激发粉丝的好奇心。在所有的活动中，悬念是最能引发粉丝的好奇心的。在设计悬念的时候，首先要明确粉丝最感兴趣的信息是什么，然后通过一定的掩饰技巧设置。

◎ 活动门槛要低。所有的微博活动都应该在保证营销效果的前提下，做到简单操作。当你的活动门槛低时，粉丝参与的人数才会增多。比如新浪发起的"超级新动"活动，由于抛弃烦琐的征集、上传等活动形式，尽量做到不改变用户的行为方式，从而实现了参与范围的最大化。

◎ 关注意见领袖。所谓的意念领袖，就是能够很快地影响粉丝的决定的人。

◎ 给你的粉丝授权。给粉丝授权，包括产品的促销折扣，是否可以由粉丝进行投票决定？新一轮的广告创意，是否可以接受粉丝的评判甚至否决？产品包装设计，是否可以接受粉丝的投稿……这些授权可以最大化提高粉丝的参与度，从而让粉丝逐渐成为品牌的"代言人"。

■ 发起一个话题

通常来说，知名企业注册的微博一般都会引来其忠实爱好者的关注，他们是企业进行微博营销信息传递的强大助力。企业可以利用这种优势，开展一些和品牌有关的话题讨论，让"粉丝"们真正投入到企业的微博营销中，让其感受到一种品牌归属感和参与感。

■ 利用明星效应

和明星的合作是常见的微博营销活动形式。这种合作包括线下合作、微博直播、直接的微博平台合作等多种方式。明星的高关注度可以使企业的营销信息得到广泛的传播和关注。而且从我国微博现在的发展情况来看，整个微博关注度排行榜上，明星占据了排名靠前的大半江山，时尚类产品的推广和明星合作获得好的效果的例子也有很多。

当然，和任何营销平台一样，投入和回报是成正比的，只有很少部分的大公司可以承受邀请明星合作花费的巨额成本，这也是这一方式的局限性所在。

营销提醒

获得粉丝最重要的方法就是不断保持与粉丝之间的互动，让粉丝感受到企业的真诚与热情。企业要经常转发、评论粉丝的信息，在粉丝遇到问题时，还要及时帮助其解决问题。

只有凡事都站在粉丝的角来考虑问题，才能与粉丝结成比较紧密的关系，如此一来，在商家发布营销信息时，粉丝也会积极帮商家转发。

7个指标评估微博营销效果

微博营销属于社会化营销的一种，而社会化营销的效果评价是全世界想要利用它的人面临的难题。那么，微博是不是真的没有办法进行营销效果的评价与反馈呢？

答案显然是否定的。

我们可以从7个方面，对微博营销的考核指标进行构建，力图从不同方面衡量和说明企业在微博营销中的表现情况，从而能够使企业对阶段性的成果进行检验，了解不足的方面，进行有针对性的改进。

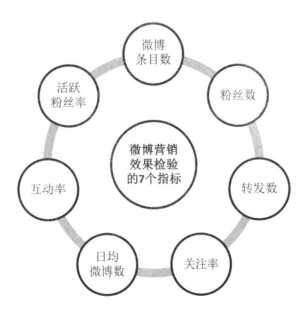

■ 微博条目数：反映微博账号的在线率

信息发布的主动权掌握在企业自己手里，具有较高质量微博条目的数量在一定程度上表明了该企业的活跃程度，也是企业微博营销的基础，从内容上来看，微博一般可以分为两种：原创和转发，两者之间的比例可以代表企业对微博的态度。

原创内容多的微博一般是倾向于成为信息的发布者和制造者，而转发内容占绝大多数的微博，一般倾向于成为信息的分享者和渠道商。

一般来说，微博数量与微博营销效果具有正相关关系。微博数的多少反映了该账号的微博在线率、自我表达能力、表现欲望、传播圈的大小、分享的意愿等方面的内容。

■ 粉丝数：衡量微博信息价值的重要数据

粉丝数是表明一个微博被其他微博用户关注的数量，粉丝数是衡量一个微博信息价值的重要数据。

从营销意义上来说，粉丝数越高，说明企业能对更多的消费者施加影响。考察微博营销时，用粉丝数反映一个微博账户的影响力是相对比较准确的。粉丝数高的微博博主通常是微博信息传递的核心，通过信息的传递，对其关注者施加影响力。

更为重要的是，因为微博的传播机制是当一个账户的粉丝较多时，其发布的信息就有可能被较多的用户转发，从而该账户发布信息的传播范围也会更加广泛。

■ 转发数：影响粉丝的一个重要指标

微博的转发数是微博账户影响其粉丝的一个重要指标，转发是微博不同于博客或其他网络信息发布平台的最重要的机制。转发数是其他微博的账户对某一条微博转发次数的总和。

通过一条微博的转发数可以在一定程度上考察企业微博营销的效果，从直观认识上来说，一条微博的传播范围与转发数正相关，因此，转发数越高，微博营销信息就传递得越广，效果当然也就更好。从信息内容本身的角度，我们知道引发信息在微博上被人们自觉转发、口口相传的最基本保证有两个，即可信度和吸引力，这同时也是实现口碑营销的两个要素。

因此，考察微博的转发数同评论数一样，可以衡量发布的微博内容是否具有吸引力，是否能够引起用户的兴趣和共鸣。此外，它更可以衡量商家是否在微博用户中具有可信度和影响力。

■ 关注率：衡量营销绩效的一个重要指标

关注率是第三方数据平台"微博风云"定义的一个指标，其具体含义是微博中活跃粉丝关注某企业账号的比例。如假设整个微博平台的总体活跃粉丝为100个，其中有7个关注了某账号，那么该账号的关注率就为7%。

"微博风云"对于活跃粉丝的定义是"粉丝数大于30，微博数大于30，一周内有互动"，该指标反映了企业在整个微博平台活跃粉丝群的位置，关注率高则说明该企业微博账号在真实微博用户中的影响较大，说明微博的营销效果也好。因此，关注率是衡量微博综合营销绩效的一个重要指标。

■ 日均微博数：恒定更新频率的一个重要指标

与微博数不同，日均微博数是判断企业微博恒定更新频率的一个重要指标。它的计算方法是微博总数除以开通微博的天数，这一指标可以衡量微博账号平均每天所发出的信息量。

根据微博营销的定义，微博营销的效果是通过在微博上进行信息的快速传播、分享、反馈、互动获得的，也是通过这一机制来影响其粉丝的，由于每天发布的条目数很少有极大的变动，所以日均微博数考察的是微博自建立以来的持久信息和影响力的释放情况。

■ 互动率：判断粉丝参与意愿的重要指标

互动率是指参与转发或评论微博的粉丝数占总体粉丝数的百分比，当某个微博用户成为商家的粉丝，但如果他并不和商家微博互动时，则说明该用户对商家所发布的信息兴趣有限，微博营销的效果也就很难体现出来。

因此，互动率是判断微博粉丝参与意愿的重要指标，它是连接粉丝与商家之间的纽带，通过互动率，我们可以看出粉丝对商家信息的喜好程度。当商家微博的互动率高，说明粉丝参与转发以及评论的意愿高，也说明该商家所发布的信息更能引起粉丝的兴趣。所以，通过互动率来判断商家微博的运营情况是科学合理的。

■ 活跃粉丝率：判断粉丝质量的依据

活跃粉丝率是判断商家微博的粉丝质量。活跃粉丝率是指商家微博的活跃粉丝数占该账号总体粉丝的百分比。

考察微博的综合营销效果，微博粉丝的数量是一个方面，微博粉丝的质量是另一个方面。当活跃粉丝数多时，说明该商家微博粉丝的质量也高；当粉丝质量高时，商家开展营销活动所取得的营销效果也就随之上升。因此，活跃粉丝率也是衡量微博营销绩效的指标之一。

营销提醒

需要强调的是，微博营销是一个长期的过程，强调的是一种互动的沟通和良好关系的维持，最终达到品牌形象建立和维护的目的，同制定微博营销的目标一样，进行效果评估的着眼点要从单纯的盈利增长上解放，看到其更加深远和长久的意义。

避开微博营销的误区

每个人对微博营销都有自己的认识，对信息的传递和接收方式也有不同的偏好。但很多带有目的性的宣传，或者是为了微博平台自身的营销，或者是为了吸引更多的眼球，都带有很多夸张甚至误导的信息。这些错综复杂的信息和无处不在的宣传导致了商家对微博营销存在很多不合理的认识，从而导致了商家在开始进行微博营销之前就已经偏离了正确的方向。因此，在开展微博营销前尤其要避免以下三种错误的观点。

■ 误区1：微博营销能立竿见影

如今很多书籍、网络、杂志等都宣称微博营销不学就能会，而且效果立竿见影。从某一方面来说，这的确是事实，商家只需要注册一个微博账号可以发帖进行营销活动。

其实不然，商家开通微博后，只是在"玩微博"，而并非进行"微博营销"，这两者之间还是有很大的区别的。

以新浪微博为例，真正使用过微博的人都明白，注册新的微博账号并开始使用时，由于缺乏关注对象和自身的关注者，发布的微博条目几乎很难得到回应和进一步的传递，自己的微博界面也鲜有任何有价值的信息。"粉丝"的偶然增加也可能只是被纯粹追求"粉丝"数的人添加了关注，这种情况下，微博营销根本就无法迅速地开展，更不可能在很短的时间内获得成效。

因此，商家在进行微博营销时，要给自己或你的营销团队留点时间去熟悉、了解微博。这样做有两个好处：

一是可以熟悉微博的特点，找到自己的定位；

二是培养良性的黏性关注流量。

具体要多长时间商家才能真正开始进行微博营销，要根据产品的性质、商家的知名度和营销活动的策划来决定。

在刚制定微博营销计划时，不要着急以赚钱为目标，应该把重心放在维护微博粉丝的关系上，才能真正开始按部就班地进行微博营销的实施。

■ 误区2：微博营销是万能的

由于微博营销风潮的兴起，在很多人看来，微博是一个营销的工具，不论什么行业的商家，也不论是销售何种类型的产品，都可以借用微博营销这个途径获得突破和成功。其实，这是对微博营销盲目崇拜造成的典型误解。

可以说，世界上没有哪个工具和渠道是适合所有商家、所有产品的，过去没有，今天没有，将来也没有，更何况是在中国发展方向仍然变数较大的微博。

盲目的微博营销只能是无的放矢，浪费人力、物力又完全无法起到效果。

研究自身所处的行业以及目标营销产品的特点，了解其产品定位及主要潜在客户的特点。

考察这些产品的直接潜在客户或间接潜在客户是否在微博用户中有一定数量，分析自身的产品是否适合在微博平台上进行营销。

正确的做法

■ 误区3：微博营销是一个独立的体系

有的商家认为，线上的营销渠道最好自己干，不要占用实体渠道的资源。这里，线上的渠道指的是网站和微博，它们和线下的营销手段被分割开来，自己作为一个独立的体系进行运作。那么，这样做究竟好不好呢？

可以发现，很多商家在微博营销的运作中遇到瓶颈，粉丝数难以增长，内容难以引起互动，而突破这些瓶颈的关键正在于微博同其他渠道的整合，通过深度的合作，以线下的"实"来带动微博的"虚"。

在进行微博营销时，应以商家的整体营销方案为框架，在此基础上，让微博这个平台发挥应有的实际作用，成为支撑起商家总体营销战略的支柱之一。

由此看来，进行微博营销并不意味着我们几乎一定要把成败赌注在微博营销上。微博并不是万能的，拥有清醒的头脑，了解微博真正的特质，了解微博真正能帮助企业做什么，是微博营销初始阶段商家需要分析的核心内容。

根据企业性质的不同，微博营销既可以是一种长期的一贯坚持的战略，也可以是一种中短期的战术。

但无论如何，既然着手投身于微博营销的战场，就要从思想上给予高度的重视，高屋建瓴地对微博营销有一个全面的认识，始终牢记将微博作为商家获取需要的第一手信息、与消费者建立持续的沟通交流、构筑长久良好关系的平台，最终实现良好的营销效果。

微博营销案例解析

微博作为社交网络媒体，在人们的生活中日益重要，以微博为平台的各种营销手段也日益为大众所知。由于自身的互动强和传播快，个人和企业都将微博视为一种重要的推广宣传方式。

如果说网络红人是个人营销的成功案例，那么又有哪些企业从微博营销中受益呢？不妨让我们一起来看看下面的几家企业，它们是如何在微博上成功实施营销战略的。

■ 小米手机：试水微博营销粉丝增长了75万人次

一直以来，小米手机拥有众多粉丝。2012年，小米手机2正式上市，在单纯的饥饿营销效果减弱的市场状态下，小米手机利用微博进行专场销售，其具有高关注度的产品上市与社会化电商支付功能的结合获得了良好的口碑效应。

随着市场的不断发展，小米原本很有效的饥饿营销方式所带来的营销效果逐渐减弱，这使得营销部开始考虑，如何通过一种全新的方式重新激发用户的购买热情是本次传播面临的最大挑战。

在小米一筹莫展的时候，恰逢新浪正在寻找一家可以合作共同试水社会化电商的企业，小米与新浪都察觉到了一丝营销契机。

2012年，新浪微博刚刚推出社会化电商产品"微钱包"，需要一位可以共同试水"社会化电商"的合作者。对于小米而言，与新浪的合作不仅拓宽了其销售渠道，还可以借力新浪的官方平台进行更广泛的宣传。

以往，微博以品牌传播、市场引导、发现需求等功能为主，如果把微博平台与热门手机的销售捆绑在一起，是否具有可行性？

商品的流行性是用户进行网购的主要因素，小米手机的目标消费人群是年轻人，而这群人爱网购，乐于尝鲜，容易受周围朋友的影响，看重用户体验。小米手机只在网上卖，它的消费群与微博的用户群有很多相似之处。

起初，小米官方微博发布了一条小米2手机即将上市发售的消息，并引导大家对小米2手机的发售平台进行猜想，为此专门开设了"小米微博开卖"专门页面，并在显著位置声称是"微博社会化网购首单"。2012年12月21日中午12点，5万台小米手机2试水微博专场销售，这也是微博平台寻求多种营利渠道的一次重要尝试。

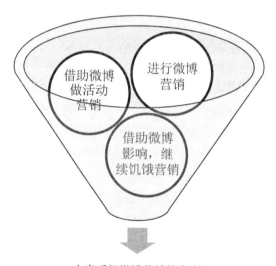

小米手机微博营销的亮点

2012年12月19日上午，新浪微博在发布栏下的显眼位置打出了"新浪微博开卖小米手机2"的广告。而且，新浪官方的微博钱包账户也参与了小米手机发售的宣传活动。

截至12月20日零点，小米的一条相关微博转发量已经达到112万次。

与此同时，发挥米粉在微博平台上的自媒体力量，采取转发微博才能获得预定资格的策略，吸引更多的米粉参与到这次预定浪潮中来。"都世界末日了你还没买到小米手机吗？让对面来实现你的'末日梦想'吧！即刻起关注@小米社区和@对面转发微博并@三位好友，即有机会获得小米手机2一台，同期参加对面在小米社区发起#末日送船票，玩对面赢小米2#抢楼活动"，转发近万次。

小米将正式发售的日子定在了玛雅传说中世界末日的当天，所有参与预定的米粉们均可进入官方微博页面，只需填写简单的个人信息，再通过微钱包完成在线支付环节，之后要做的事情就是等待手机送货上门。

最终，具有高关注度的产品上市与微博的珠联璧合获得了良好的口碑效应，吸引了众多媒体纷纷报道，让小米2手机上市成为社会性营销热点事件，同时也让小米得到了可观的销售回报。

活动期间，超过300位意见领袖与媒体微博讨论小米手机2开卖的相关内容，小米手机的官方微博粉丝增长了75万人次，小米手机2在销量提升的同时聚焦了众多舆论目光，沉淀了品牌社会化资产。

■ 招商银行：金融业微博营销的标杆

面对微博与金融业结合的趋势，招商银行敏锐地抓住时机，利用微博这个具有无限潜力的平台，在微博内容和活动上为客户提供多样而又个性的服务，让客户及时关注并了解金融信息，真诚沟通消费者的同时，也树立了良好的公众形象，在金融业微博营销的大流中发挥领先地位。

从2010年3月5日开通微博至2013年7月13日，招商银行的微博粉丝数为410万，在所有银行用户中排名第一。

在开通微博的1134天里，招商银行共计有8550条微博，组织至少70次微博活动，得到了粉丝的热烈回应。微博应用工具分析显示，招商银行每条微博平均被转发173次，评论121次。和其他的企业微博相比，这算得上是一个相当可观的成绩。

那么招商银行又是怎样在金融业微博营销中获得领先地位的呢？可以从以下原因分析。

第一，极具特色的内容策略。招商银行微博取得成功在很大程度上是因其内容的吸引力。我们看到，从开通微博到2011年6月的一年时间里，招商银行所发的2797条微博内容包罗万象，并不局限于招行本身的相关信息。

同时，招商银行还开创了新内容，比如"星座理财""趣味金融""理财知识"等，在提供趣味性内容的同时也有专业理财知识的普及。精心设计的内容不仅有趣而且实用，这更有利于传播，让招商银行获得了粉丝的认同。不仅如此，招商银行业也关注社会热点，通过制造热点话题来提升自身微博的影响力。

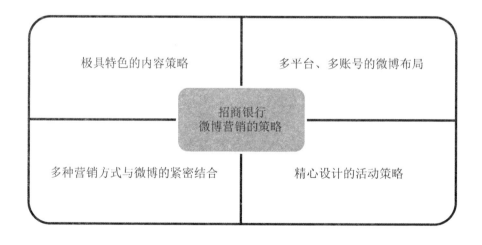

第二，多平台、多账号的微博布局。国内主流微博网站上，例如新浪微博、腾讯微博、网易微博、凤凰微博、人民微博等，招商银行都开通了自己的官方微博，成为国内网站布局最全的金融微博。

之所以在国内主流微博网站开通微博，最根本的原因是国内微博格局本身就具有多元共存的特点，且各大主流网站所覆盖的主要人群也存在明显的差异性。因此，这一举措能让招商银行在最大程度上完整覆盖目标人群，进而提高自身的覆盖率。

除了在微博营销上采取多平台的策略之外，招商银行也在同一平台的基础上采取了多账号联动的策略。

以新浪微博为例。招商银行不仅在新浪微博开通了官方微博，也开通了19个企业账号和众多员工客服账号的业务，如此庞大且系统的官方微博阵容，在整个新浪微博中，可以称得上凤毛麟角。

招商银行为什么要这样做呢？原因是招商银行要突出服务专业这个特点。如果粉丝或用户本人，仅仅有意于招行的信用卡业务，那么他就可以只关注招商银行的信用卡中心账号。这样的个性化定制，有利于招行客服针对用户的特定需求有针对性地提供专业、细致的服务，并及时提供最新的相关资讯。各分行开启各自账号也是同样的道理。

第三，多种营销方式与微博的紧密结合。如果依靠微博进行单一营销，对于企业来说显然是不够的，招商银行同样如此。将新浪微博的开放接口与其官方网站的网页地址连接到一起，这是招商银行采取多样微博营销的另一特色。不仅如此，招商银行与婚恋网站珍爱网的情人节联合营销，也是多样营销的成功且富有借鉴意义的案例。

第四，精心设计的活动策略。推广优质活动是招商银行进行微博营销的"王牌"。在开通微博的一年时间里，招商银行在微博上发起的活动引起了关注粉丝的广泛参和热情互动。活动类型各异，并不局限于银行传统的理财、投资方面，而是广泛包含了社会公益、社会热点、业务动态等等。通过这些活动不仅让招商银行的关注度得以提高，粉丝数量也急剧增长。同时也潜移默化地推广了招商银行本身的理财产品和投资业务。

■ 凡客诚品：微博营销的教科书式案例

凡客利用自己与网络世界的天然亲近性以及自身的微博影响力，结合精准的粉丝定位、全面信息投放、全员热情参与和广泛合作，树立了具有广泛认可度和知名度的国内形象，被认为是微博营销的教科书式案例。

凡客诚品是微博营销的先行者。凡客诚品是怎样做的呢？

◎ 公司高层亲自上阵。在国内，很少有企业能做到凡客这个样子，公司高管集体注册并开通微博，并且不是以个人而是以公司集体的形式，统一命名。

凡客诚品副总裁崔晓琦的新浪微博账户名即@凡客崔晓琦。崔晓琦在自己名字前面加上"凡客"，不仅是自己身份的象征，代表着自己是"凡客"这个大家族里的一员，也表明了自己对于品牌的一种责任感——我来自凡客，我可以为我们的产品负责。

◎ 开展病毒式营销。凡客做出"爱×××，爱×××，爱×××，我是×××，不是×××，我是凡客"的广告后，在微博上开展了一系列对广告的推广活动。@VANCL粉丝团在微博上号召凡客粉丝们同街头的凡客广告合影，并且提供极富吸引力的物质奖励，引发了更多热情粉丝的积极参与。

病毒式营销不仅在微博平台上取得成功，而且也在人际交往中吸引了更多的目标受众群，尽管当初他们对品牌的熟悉度不一定很高。喜欢微博，热衷于娱乐和新鲜事物的青年人构成了目标人群的大部分。

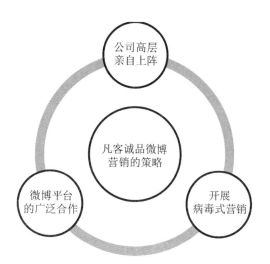

◎ 微博平台的广泛合作。在凡客与新浪公司之间展开的一系列合作中，最为引人注意的是凡客通过新浪向微博大咖、明星演员等知名度较高的人群赠送围脖（围巾）的活动来为自己获得更高的关注度。事实也证明凡客达到了自己的预期效果，在短期内迅速提高了知名度。

在微博平台上同知名人士合作只是凡客整体策略的一部分而已。凡客微博也发挥着重要的媒介作用，通过这种主动展示和及时互动，凡客微博平台的营销价值不仅得以增强，企业的商业合作也更为广泛。

2015年年初，凡客再次入选新浪微博的十大经典营销案例，并且取得领先投票。凡客的成功，难以复制，但是它的发展经历，对于其他正处于起步中的企业来说，却有很好的学习和借鉴价值。

■ 可口可乐：企业微博营销的典范

微博营销具有强烈的互动性，可口可乐抓住了这个关键点，精准定位自身品牌受众，通过极具创意的活动与本地化消费者积极互动，并且用个性化内容增加客户黏性，成为中小企业微博营销的典范。

"微博新年愿望瓶活动"是可口可乐发展并推广的最有影响力的活动之一。只要进入微博，进入活动主页，写下你的新年愿望，系统就会生成一个写满你愿望的可口可乐瓶子。以微博为活动平台，结合个性瓶和新年祝愿这两大创意元素，通过参与方式将抽象的品牌形象与用户体验完美融合。

可口可乐微博"新愿欢享中国年"整个网站设计也都非常符合节日欢快喜庆的氛围，吸引了众多不同年龄段的微博用户互动参与。

该活动取得成功的另一大原因是：活动没有设立征集、上传等步骤，用户只需要输入自己的心愿，就可以形成文字排列的个性"新愿瓶"。

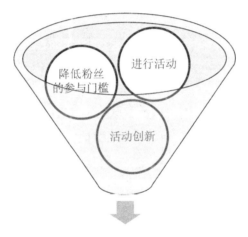

可口可乐微博营销的策略

参与门槛的降低，意味着粉丝参与成本的降低，这样可以吸引更多的粉丝尝试性参与。因此，此次活动实现了粉丝参与范围的最大化。

这也给营销人以启示：微博普遍被认为是一种有人情味的沟通工具，因此微博营销活动应当在确保推广效果的前提下，尽可能做到简便易行。

当然，微博营销的经典案例远不止这些，随着微博的逐渐成熟，新平台的不断涌现，创意和偶然的力量将退居二线，日复一日脚踏实地地精心运营才是关键，这也许是这些案例给我们最重要的启示。

第 **8** 章

论坛营销：引导目标受众

　　诚然，论坛营销是伴随着互联网成长起来的最早的互联网营销手法之一，易上手、实用性强，一直沿用至今。但由于论坛营销比较耗费精力，而且需要一定的软文功底，这让不少商家头痛不已。本章就来解决商家的"头痛病"，让论坛营销轻松帮你玩转品牌营销。

什么是论坛营销

论坛简称BBS，它是互联网上的一种电子信息服务系统，即在Internet上提供一块公共电子白板，每个用户都可以在上面书写、发布信息或者提出看法。

论坛的交互性强，内容丰富，用户可以在论坛中获得丰富的信息，还可以在论坛中发布信息、进行讨论与聊天等。

知道了什么是论坛，那么什么是论坛营销呢？

所谓论坛营销，是指商家利用论坛这种网络交流的平台，通过文字、图片、视频等方式发布产品和服务信息，从而让目标客户更加深刻地了解商家的产品和服务，最终达到宣传商家品牌、加深市场认知度的一种营销方式。

同其他移动互联网营销方式相比，论坛营销主要有以下几个特点。

■ **互动性强**

商家可以建立一个账号，在论坛上发帖之后，就可以和网友直接交流，有了相关问题也可以及时沟通。通过这种方式，商家和用户之间的距离被拉近了，商家可以轻松收集到用户的第一手信息，了解用户的需求，倾听用户的意见，这有利于商家对产品进行改进，同时也能起到宣传商家的效果。

■ **成本低**

论坛营销不需要高额的广告费，只需要有专人负责发帖、顶贴、回复就可以了，所以它的花费只是一点人工费罢了。

论坛一般实行免费注册的会员制，所以商家可以批量注册账号，形成"水军"，发帖之后，利用这些水军账号评论自己的帖子，将帖子迅速置顶，然后便可以让用户自行讨论。只不过在论坛注册账号之后，需要专人每天维护账号，在论坛中保持活跃度，引导网友交流。

■ **针对性强**

对于商家来说，最好的发布帖子的地方是行业论坛。每个行业都有各自的行业网站，这些网站的论坛专业性很强，有极强的针对性。

很多网站的论坛有不同的版块，其中可能就包括适合你的产品的营销版块，在该版块重点推广，会找到更准确的客户。例如，做化妆品的可以去找美容版块，做图书编辑的可以找读书版块等。

■ 隐蔽性好

论坛营销不像传统的广告营销，许多广告信息都可以隐藏在帖子中，网站上经常有人发布工具的使用心得、书籍的读后感、食品店的体验等，这些帖子的发布或许是有心，或许是无意，但毫无疑问的是，它们都帮助产品或店铺做了宣传。一般情况下，只要软文写得好，广告的目的隐藏得够深，就不会引起网友的反感。

营销提醒

论坛营销操作非常简单，只要需要发帖、顶贴、回复即可。论坛营销几乎不需要成本，从注册到发帖都是免费的。关键还是在于写作功底和软文质量，如果能在天涯、贴吧、猫扑等大型论坛炒红一篇帖子，就能引起其他平台大量的转载，推广效果会从几十倍扩大成几百万倍。

如何筛选人气论坛

论坛的人气是决定帖子能不能火起来的首要因素。文章写得再精采，如果放在一个用户少的论坛上，就算是最显眼的位置也没有多少人去看。

那么如何筛选人气论坛呢？

可以通过网上一些数据侧面了解哪些论坛比较火，或者可以通过百度、搜狗等搜索引擎了解。

在"论坛大全"中，我国论坛前5名如下：

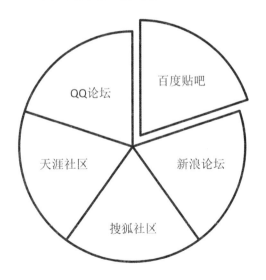

不同的文章主题选择的论坛或论坛版块是不同的，把卖衣服的文章发到豆瓣论坛就没人看，而放在百度贴吧里的买衣服吧板块就比较合适。

可利用"站长之家"做一个筛选表格，在"站长工具"里查询论坛的百度权重指数、ALEXA排名、站内链接数、PR值、建站时间、反链数等。如下表所示。

论坛名称	百度权重指数	ALEXA排名	站内链接数	PR值	建站时间	反链数
天涯	9	全球综合排名：64；中文排名：12	814	6	2003.3.17	2432
猫扑	6	全球综合排名：5414；中文排名：458	321	7	1999.9.19	6736

由上表可对比出天涯论坛比猫扑论坛的人气要稍微高一些。企业可以自己做一个人气论坛横向PK表来选择几个人气高的论坛。

切记投放软文的论坛不要太多，量力而行，根据自身的能力来选择。用户群要精准，选择合适的地点投放，避免做"无用功"。

营销提醒

很多营销者都恨不得把软文放到所有的论坛上推广，这样既费时间又没效果，营销者应该"去其糟粕取其精华"。

如何做论坛高质量个性签名

论坛个性签名是指用户在帖子底部显示的文字、图像、链接，可以发挥想象力，放置自己喜欢的文字、图片作为自己的签名。

论坛个性签名可以用来彰显个性，吸引用户的注意，也可以放置外链，链接到自己的网站，以免费推广自己的网站和产品。

■ 论坛签名的3种模式

论坛签名一般有以下3种模式：

◎ 文本签名档。是指直接用文字写成的签名，可以把它写得幽默风趣、浪漫文艺、情感丰富、诗情画意等。如"我只是静默地在冒泡""两情若是久长时，又岂在朝朝暮暮""八戒，别以为你站在路灯下就是夜明猪了"这些带有个性的文本，会或多或少地增加其他用户对你的关注度。

◎ 图片签名档。就是用图片做个性签名，还可以加文字标题。如今是个快节奏的时代，很多人都不愿意花费时间在一堆文字上，而图片更容易接受，图片做得有趣、可爱、漂亮一些，可以更容易抓住网民的眼球。

例如宣传一个起司蛋糕，"起司蛋糕甜蜜在心口难开"这种只用文字描述一下，肯定不会有很多人注意，而用图片签名档就不一样了，把拍得很有食欲的蛋糕图片放到网上，喜欢美食的网民绝不会放过看上去感觉要口水直流的美味蛋糕，从而吸引网民的注意力。

◎ 链接签名档。就是在签名档处放置链接，这种签名档要注意描述的措辞，用一些幽默的词汇描述链接的去处，指引网民点击。注意不要太过于露骨，不然适得其反。

对于链接签名档，每个论坛根据用户级别不同有功能限制，有的论坛用户的等级和积分不够是暂时无法设置的，如果出现"Discuz! 代码禁用""[img]代码禁用"这样的提示，则说明你的等级比较小。遇到不能设置的情况，就只能放弃链接签名档，等到级别够了再设置也无妨。

当账号达到了一定的等级时，就可以在签名中使用编辑器放置链接了，有些论坛的签名处没有使用超链接的符号，可以直接添加锚文本或者超链接，这时需要了解一些基本的签名代码。

■ 使用个性签名的注意事项

设置好签名之后，使用时注意如下图所示的3个方面，才能使论坛链接更有效果。

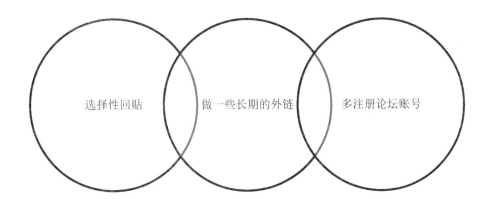

◎ 选择性回帖。不要什么帖都回复，应该选一些人气高的、比较有特点的帖子回复，这样既不浪费时间，又可以获得一定的营销效果。下图是选择性回贴的类别。

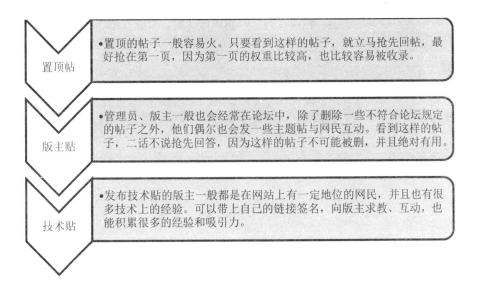

◎ 做一些长期的外链。营销者都希望发出去的链接长久地不被删除，而论坛链接签名只具有短期的效果，见效虽快但掉得也很快，这就增加了工作量，必须无时无刻不在论坛里回帖、选帖，所以短期外链在人员

充足的情况才能有成效。

考虑人员和成本，尽量也做些其他的外链方法，不要专攻论坛链接签名档，可以同时做一些长期的外链方法，如博客、空间，以及权重高的"百度知道"等，这些长期外链会节省很多工作量。

◎ 多注册论坛账号。在很多论坛里，只要一改签名，以前所有做外链帖签名的地方也会随之改变。为此可以先找10个不同的论坛，每个论坛都申请同样的账号，签名的地方都空着，然后每天到这10个论坛中发帖或者回帖，过一段时间，等帖子数量多的时候，就可以统一修改自己的论坛链接签名，从而轻而易举地收获到很多个外链。

营销提醒

如能扬长避短，那么就能把论坛个性签名做到登峰造极的地步，真正做到拒绝垃圾贴、拒绝一般贴、拒绝灌水贴，只做火帖。

论坛如何发贴——什么样的贴子会火

发帖是论坛营销的重中之重，帖子是维持论坛活力不可缺少的活动，逛论坛看帖子已成了网上浏览的重要组成部分。只有帖子写得好，才能吸引网民阅读、回帖，甚至是转发。

软文经常被比喻为一个网站的血液，想要在论坛上营销成功，就得发软文帖子。在这个 眼球经济的时代，网民态度就是营销者决定在论坛上炒作软文帖子的重要因素。

■ 掌握发贴时间

一篇帖子能否被关注和发帖的时间有很大的关系。如果选择在午夜过后发表，软文推广效果就会大打折扣，因为该时间段的在线人数相比其他时段少之又少，文章自然会缺少关注。

笔者总结了一些网民的上网习惯。以一个星期为稳定期为例，周一到周四网民人数比较稳定；周五到周日网民人数逐渐增加，对于论坛的反馈积极性有明显的提高，网民处于对周末的期待中，相对评论而言更乐意进行简单的转发。

下面是适合论坛营销的发贴时间。

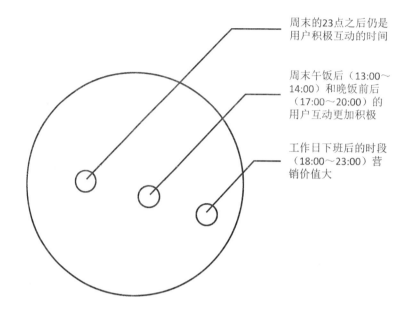

周末的23点之后仍是用户积极互动的时间

周末午饭后（13:00～14:00）和晚饭前后（17:00～20:00）的用户互动更加积极

工作日下班后的时段（18:00～23:00）营销价值大

■ 把贴子写得有吸引力的3种方法

如何把软文帖子写得有吸引力呢？下面总结了3种方法。

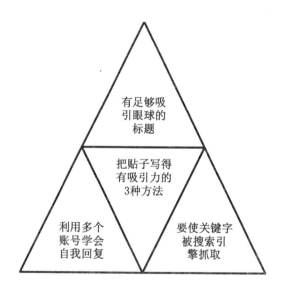

有足够吸引眼球的标题

把贴子写得有吸引力的3种方法

利用多个账号学会自我回复

要使关键字被搜索引擎抓取

◎ 有足够吸引眼球的标题。如今是一个快节奏的时代，网民对信息新奇度的辨别率非常高，只有足够吸引眼球的标题，才能换来网民的高点击率。

例如，某品牌面膜产品活动营销在进行帖子炒作过程中，帖子标题由"史上最有效的面膜"改为"面膜使用方法，你知道吗"和"你还在用面膜杀手吗"后，点击率由每天400多飚升至每天8000多。可见，标题措辞很重要。

在选择标题的时候，应当忘记自己营销产品的身份，而用在网上逗留的网民思想来设计。下面总结了以下写标题的注意事项。

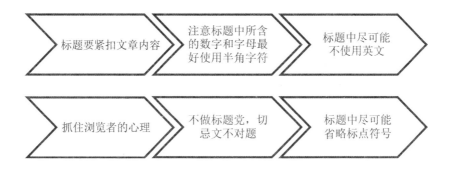

◎ 利用多个账号学会自我回复。在论坛里有些帖子会出现高点击低回复的情况，这样的帖子很容易沉底，没有多大的用处。营销者要学会自己回帖，利用自己的其他账号，在不同IP地址的情况下，给自己的帖子回复不同的内容。

要知道自助者天助，只要不露出太多的马脚，不要让每个账号回复的评论语气都是一个感觉，就差不多可以让自己的帖子暖起来，吸引大量网民"围观"。

当然这是在账号足够多的情况下，才能获得这种效果。如果没有多个账号，在自己暖帖的过程中就会无法正常运作，只能放弃论坛营销了。

◎ 要使关键字被搜索引擎抓取。很多人只注重软文如何吸引人，一气呵成，往往忽略了关键字的密度分布，就算软文写得再好，没有几个关键字是很难被搜索引擎收录的，就算收录了，也只会与靠前位置无缘。

发帖者不能只守着论坛中的网民，应该扩大阅读人数，这可以利用搜索引擎来实现，只要关键字被搜索引擎抓取，阅读人数就会越来越多。

一篇好的软文，不是用华丽的辞藻堆砌而成的，而是关键字贯穿于整篇软文，却让网民在阅读时很难发现。

营销提醒

在去各大论坛发帖的时候，一定要选择相关的人气很旺的版区发帖宣传。这种版区发帖及回复的人气很旺，所以发的帖子，很有可能会沉底，这时就需要你在该论坛多注册几个马甲，等帖子快沉下去的时候，自己去回复一下，好使自己的帖子回到靠前的位置，让更多的网友看到你的帖子。这点很重要，不要发了帖子就不管了，那样你辛苦找来的素材，极有可能会在浩如烟海的帖子中石沉大海，那样所有的努力都将白费。

怎样让论坛营销贴子互动起来

在论坛上不要做潜水人员，应该到各帖子里冒泡。在论坛上体现出活泼积极性，可以交到朋友，得到更好的回报。在论坛里积极参与互动的方法如下图所示。

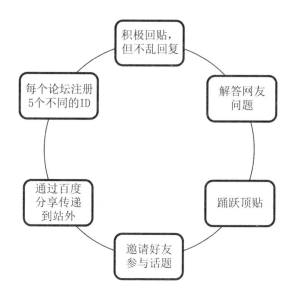

■ 积极回贴，但不乱回复

在论坛上看到一些热门的帖子时应该多加评论，最好写出自己的感悟，不要太敷衍，如"赞""太棒了""好帖"等，只写这些客套式词语，会让人觉得你在混经验。

对于自己发的帖子,最好每隔15分钟或者每隔3~5个人评论就要把帖子顶上去,也可以引用楼上的评论进行回复,以提升人气。

回帖的用词不能太过于客套,如"谢谢""感谢大家的支持"等,会给评论者一种不重视他的感觉。

不管是回复别人的帖子,还是顶自己的帖子,应多用一些比较有创意的、精辟的、人性化的句子,可以加深对方的印象,进一步拉近彼此之间的距离。

营销提醒

切记,积极回帖不代表疯狂回帖,不要一天24小时不管帖子内容是什么就乱回复,这会使人反感。要知道论坛营销是一个循序渐进的过程,如果一味单方面不断地推广自己的网站,不与网民互动,就很容易让人感觉这是广告帖。适当地把握好这个度,持之以恒,才会有很大的收获。

■ 解答网友问题

在论坛中解答网友问题,可以增加经验值或者得到积分,不过可能需要花费很长的时间来解答问题,不太会被人采纳。因此,在解答网友问题之前应该选择自己比较熟悉的问题,最好是能把自己在论坛上写的文章用上,那样可以提升论坛文章的关注度。如果是站外的文章,也可以为自己的站点引来流量。

■ 踊跃顶贴

在论坛中一般可以在其首页找到比较火的帖子,应该踊跃顶贴,经常出现在网民面前，可加深网民对你的印象。

此外，还可以针对自己产品的用户群，选择一些比较火的文章进行顶贴，如果比较幸运抢到沙发、板凳，那可比回复火帖有效得多。

营销提醒

注意，顶帖时不要回复"好帖""路过""打酱油"等一系列苍白的评论。这种情况太过于恶劣，管理员发现以后，会直接删除帖子。顶帖越多，并且处于持续被管理员删除的状态，就很容易被网站降权。

■ 邀请好友参与话题

帖子发布完毕之后，最好第一时间就邀请你的论坛好友或者QQ好友参与话题，以增加文章的浏览量和给予好评。

■ 通过百度分享传递到站外

现在每一个论坛中都安装了百度分享插件，可以通过百度分享把文章传递到站外，如QQ空间、微博等，以让更多人参与到主题当中。

■ 每个论坛注册5个不同的ID

每个论坛要注册5个左右的不同ID，在注册时要选好ID，这些ID里最好不要有那些没有任何意义的数字或字母，否则论坛里一些经验比较丰富的坛友可能知道这样的ID是纯粹来做广告的，不利于后续的推广和宣传。

每个ID要上传不同的头像和签名，其中，主ID尤其需要花精力设置一番。其他ID可以选择人们比较喜闻乐见的头像，有效地吸引网友的注意。

一般来说，在论坛里注册好ID后，接下来就是在论坛里发帖推广了。

营销提醒

　　各大论坛的火帖规律都不同，想提高回帖的质量，就要观察各大
论坛什么样的帖子才能火。论坛火帖规律如下：

　　◎ A5杂谈：点击超过130，回复超过35为火帖。

　　◎ 站长之家：回复超过20为火帖。

　　◎ 28推论坛：点击超过55，回复超过10为火帖。

　　◎ SEO论坛：点击超过150，回复超过35为火帖。

论坛营销实战技巧

论坛营销看着很简单，但是想要做好、做出效果却是有难度的，有人认为写篇文章不停地复制粘贴就行了，这是错误的想法。论坛营销也有一定的技巧和方法。

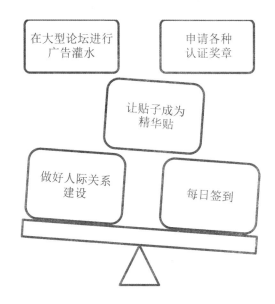

■ 在大型论坛进行广告灌水

在一些大型的论坛中会设立一个广告灌水区，它是除了一些原创、精华区允许带链接文章之外，允许带链接文章或者发布广告信息的区域，可以通过这个区域来做论坛营销。

需注意的是，广告灌水区的时间比较有限，一般只能存活两周，两周之后，发布的信息可能会被删除。

■ 做好人际关系建设

如今，人际关系是生活中不可或缺的一部分。任何营销活动都是以人为中心展开的，用论坛平台展开移动互联网营销也是一样，做好人际关系建设，互粉的人多了，论坛推广的效率就提高了。

人际关系是论坛营销的基础，是移动互联网营销的组成成分，论坛热帖的建设是人际关系建立的基础。在论坛中想要吸引网友的注意力，就要重视访客体验，多发布一些思维严谨、逻辑严密、文笔闪烁着理性光芒的帖子。这些帖子应该具备以下3点才算成功：

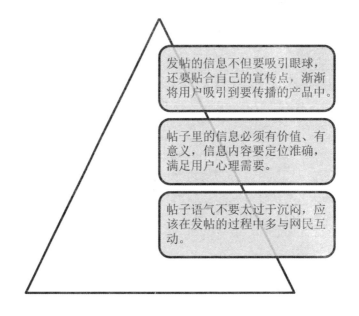

发帖的信息不但要吸引眼球，还要贴合自己的宣传点，渐渐将用户吸引到要传播的产品中。

帖子里的信息必须有价值、有意义，信息内容要定位准确，满足用户心理需要。

帖子语气不要太过于沉闷，应该在发帖的过程中多与网民互动。

论坛人际关系是随着时间而不断扩大的，它需要维护。论坛是一个开放平台，不去维护，很可能就会流失掉忠实粉丝群。

维护其实就是营销工作的有规律的更新，长期规律性地更新信息内容，论坛发帖传播效率会极高，每天发布10条左右的信息是最基本的。

总之，可以利用自己的人际关系来进行有力的营销，只要善于开发，每一个网民都会成为金矿。如果有很多好友在同时关注，帖子想不火都难。可以通过论坛站内添加一些好友、加入俱乐部等。要知道，在平时多和网民交流，混个脸熟，在关键时刻必然会有网民挺你，给你暖帖的。

■ 申请各种认证奖章

可以根据自己的积分申请原创先锋、论坛达人、SEO水平认证等奖章，如果有能力的话也可以申请版主。这些奖章头衔虽然在现实中并不值钱，不会代表作者的真正写作水平，但有些头衔、徽章无形之中给人一种错觉，奖章越多就越有说服力，也区分了菜鸟与元老的级别，积分等级很高，各类奖章很多，会使新手在无形之间产生一种敬重之情。

■ 让贴子成为精华贴

在网络论坛里，论坛管理员会将一些精华帖子或受关注的帖子设置为精华贴，这个操作就称为加精。

一般来说，加精帖子更容易被搜索引擎收录，比普通的帖子更容易受到网民的关注。

原创的文章更容易被管理员注意，管理员一般不会以自己的水平作为标尺来看帖子，而是会尽量用大众的眼光和尺度去判断和衡量帖子，只要帖子超过了大部分人的水平，那加精就是必然的事。

加精帖在论坛营销中扮演着功臣的角色，有了加精的标志，可以给营销带来以下好处。

普通帖子发表半年后会被转到历史库，而精华帖会继续留在论坛中被网民"推崇"，从而继续带来浏览量和回复量。

比较醒目，容易让网民在茫茫帖海中找到你的帖子。

有很多网民只会找加精帖阅读。

贴子竞争范围小。

更具说服力。

特别值得一提的是，千万不要守株待兔，应该主动出击，向管理员申请给自己的文章加精。只要你的文章写得很好，对网民有很大的帮助、启发，并且是原创帖，观点新颖，视角独特，一般都会被管理员看好加精。

如果实在写不出加精帖，也不必气馁，可以多看看别人写的加精帖，并给予回复，这样既学到了知识，又给自己增加了经验值，可谓两全其美。

■ **每日签到**

现在几乎每个论坛都设置了每日签到，可以增加用户积分，这不仅是论坛绑住用户的办法，也是便捷养号的方法。

营 销 提 醒

　　营销者在做论坛营销时，不能只顾着不择手段地推广。每个论坛都有自己的规则，营销者想要利用论坛营销，就要遵循论坛规则。论坛的大致规则如下：

　　◎ 注意文明形象，不要对他人进行人身攻击，这是一种不道德的行为；

　　◎ 禁忌发表反党反人民的言论，不得挑动是非引起骚乱；

　　◎ 禁忌非法营销的宣传，如色情、暴力、博彩；

　　◎ 不要用一些论坛群发软件或手动发广告；

　　◎ 用多个账号在一篇文章上回答，避免使用同一个IP回帖、发帖，否则可能会被封号。

论坛营销的方式

论坛总的营销方式包括以下几种。

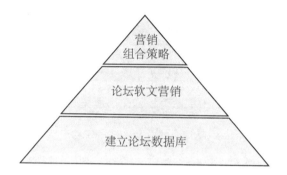

■ 建立论坛数据库

可以说，论坛数据库的建立是论坛营销的基础和前提。因为有了这些数据库信息，就可以有条不紊地实施论坛营销的举措。

论坛数据库中的信息一般包括论坛的名称、地址、分类、核心版块列表及论坛的活跃指数等，只有掌握这些数据，进行营销时才能得心应手。

■ 论坛软文营销

对论坛营销来说，某种程度上也是对一些营销软文的推广。可以说，这个环节的成败是论坛营销成败的关键。有了论坛数据库、营销软文，怎样才能将这些信息传播出去呢？

这里需要提醒的一点是，软文的本质是广告，只不过是以一种更为软性的方式来表现罢了。随着营销领域的发展，人们对软文的免疫力越来越强，这使得论坛管理人员对软文广告的判断水平也越来越高、处罚力度也越来越大。怎样在论坛中进行营销便成为相关营销人员面临的一大难题。

另外，很多人做推广时不太愿意在小论坛、地方性论坛中发帖，认为这些平台的网民数量不多。这种看法其实是有些片面的，因为论坛中的网民具有很大的互通性，地方性论坛里的网民也可以成为潜在的客户，还有可能把帖子转发到其所在的一些大型论坛里，所以，不放过任何一个可以推广的机会，是论坛营销制胜的关键所在。

总之，在论坛里进行软文推广时，可以充分利用我们在论坛里注册的其他账号，积极进行回帖、形成互动，必要时还可以用自己的其他账号来强烈地攻击自己另一个账号发帖的内容，从而吸引网友的目光。这种行为也就是我们平时所说的"论坛枪手"。当然，我们在采取这些措施的时候，不得违背相关法律法规与道德的要求，否则可能会得不偿失。

在此基础上，对论坛中的软文推广要分层次进行，在整个推广周期中，要根据不同的时期来安排不同的软文，而且软文的广告性也要逐渐增强，当然是以一种潜移默化的方式来进行，从而达到我们的预期营销目的。

■ 营销组合策略

这里说的组合策略主要有两方面含义。

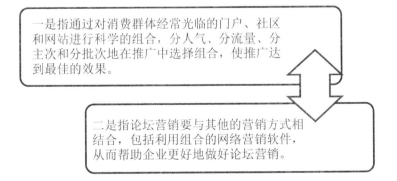

一是指通过对消费群体经常光临的门户、社区和网站进行科学的组合，分人气、分流量、分主次和分批次地在推广中选择组合，使推广达到最佳的效果。

二是指论坛营销要与其他的营销方式相结合，包括利用组合的网络营销软件，从而帮助企业更好地做好论坛营销。

最后还要补充一下的是，在进行论坛营销时，对于注册的账号务必要完善个人信息，包括年龄、昵称、个性头像、个性签名等，这是因为，在网络世界中，完善的个人信息才能让人觉得有亲近感。

举例来说，论坛管理员看到你的个人信息比较全面，会将你视为忠实的会员，这样即使你偶尔在论坛中发条软广告，可能也会得到宽容。

你的个性签名可以通过简短的文字来传递产品或企业的信息，这也是在论坛中进行广告发布的一个不错方式。

在此基础上，还可以把网址链接放到你的个性签名里，这样搜索引擎在搜索论坛或你发的帖子时，会顺便把你个性签名里的网址搜索到，这对你网站的SEO（搜索引擎优化）是很有帮助的。

另外，由于论坛中的网民数量众多，所以在形成口碑传播、口碑营销方面也有显著的效果。由于在网络中，以口碑传播为主的病毒式传播能够加速信息的传播速度，强化信息传播的广度和深度。

营销提醒

论坛营销的主旨，无疑是讨论营销之道，论坛营销应在多样化的基础上，逐渐培养和形成自己的主流文化或文风。比如，设一些专栏，聘请或培养自己的专栏作家和专栏评论家，就网友广泛关心的话题发言。不是为了说服别人或强行灌输什么，而是引导论坛逐渐形成自己的主流风格。海纳百川，有容乃大。营销论坛，包容多样化的观点，多样化的文风，是营销人强烈自信心的表现。

论坛营销最重要的营销策略——口碑营销

口碑营销是一种传统的营销模式，这种营销模式以其诚信的特点流传至今，世界各地的商家们通过口碑营销创造了一个又一个的商业神话。时至今日，这种营销模式依然保持着经久不衰的魅力，依然是移动互联网营销不容忽视的一种营销策略。

在论坛营销中，口碑营销是最重要的营销策略。笔者结合论坛营销的特点，将消费者的购买决策分成了6个环节。

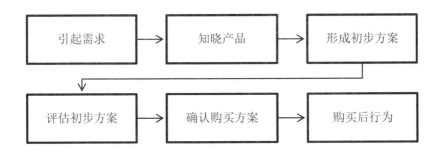

那么，商家最在意的移动互联网口碑是怎样影响购买决策过程中的各个环节的呢？

经过调查统计，移动互联网口碑对于消费者"知晓品牌"和"确认购买方案"这两个步骤的影响最为显著：有56.3%的被访者通过网络口碑了解了品牌信息，58.7%的被访者通过参考网络口碑做出了购买决定。有趣的是，在购买之后，消费者对网络口碑依然兴趣浓厚，有47.5%的被访者在购买之后仍然会上网查询网络口碑。

在定性研究中我们发现，在购买后阶段，消费者主要通过网络来分享交流使用经验，如果品牌可以适时地与消费者进行互动，引导他们分享购买后的体验及表达新的衍生需求，会为新产品开发、品牌营销沟通带来很多裨益。这也是打造移动互联网口碑的一个重要环节。

所以，移动互联网口碑是一个能够影响到移动互联网消费者购买决策全过程的重要因素。那么在打造良好的移动互联网口碑过程中，通常会采取哪些步骤呢？

■ 找到最适宜推广的产品关键词

移动互联网口碑的基础是搜索热度，搜索热度的基础是搜索关键词。为了找到最适宜推广的产品关键词，商家需要分析自家产品属性、功能、定位以及特色等，总结出最能引起口碑效应的卖点。在此基础上，结合关键词的当前热度与可传播性，选取最有效的宣传关键词。

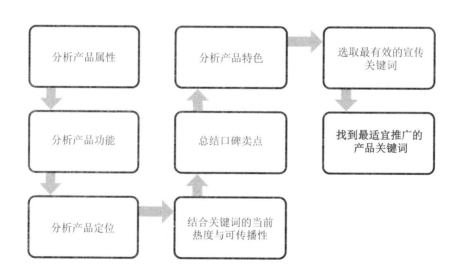

在欧洲，Mini早已成为小巧型汽车的标签。但在中意大排量的美国，这款小小的Mini就鲜有人问津。所以，为了在美国树立品牌，开拓其市场，Mini将自己的卖点定位在"省油"和"便宜"两方面，刻意不提自己的"小"。这种定位抓住了普通美国人的实惠心理，很快便打开了局面，Mini在美国的销量甚至超越了英国。

■ 优化口碑的内容要素

有了关键词，下一步就是优化口碑的内容要素，如关键词匹配度、关键词密度，甚至关键词与品牌词的文字位置摆放，软文的篇幅、段落以及叙述结构等，使你的文案内容更加具有可读性，这将进一步为你的产品印象加分。

"深夜发吃报复社会"就是微博上十分火的关键词，很多"吃货"都会在晚上10点以后参与这个话题的讨论，有的发图片炫耀，有的则去图片下面吐槽。这种做法吸引了很多餐饮企业的关注。

■ 选择合适的渠道进行投放

有了宣传内容，下一步就是选择合适的渠道进行投放。移动互联网有三大入口。

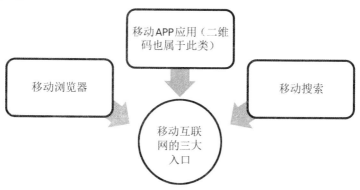

如何抢占这三个入口，并根据自己产品特点选取最适合的渠道进行深度推广，是商家需要考虑的第三步。

移动搜索竞价是最主要的移动互联网广告投放渠道之一，移动互联网用户的一大主要特征就是随时随地去搜索自己喜欢的东西。当移动互联网用户想喝咖啡时，他要做的第一步很可能是搜索一下"最好的咖啡品牌"，然后根据结果在手机地图上搜索一下附近有没有这家咖啡店。因此，有远见的咖啡企业就会在移动搜索端竞价，好让自己的企业信息尽量出现在靠前的位置。

■ 及时跟进整个市场反馈

内容投放后商家需要及时跟进整个市场反馈，这对消费者的"评估初步方案"和"确认购买方案"两个购买步骤影响重大。随着大数据时代的来临，商家已经有能力在极短的时间内对自己投放的内容效果进行评估，并及时进行战略调整。

营销提醒

以上四个步骤是大部分商家在进行移动互联网口碑营销时都要经历的过程。需要指出的是，并非消费者做出购买决定后，就一定能做出购买行为。一些未预料的突变形势，以及能左右其决策的他人对该产品的态度等，都能够影响其购买行为的实现。购买行为完成后，产品或服务的售后，以及使用体验等因素，都会影响着消费者下一次的购买决策，如出现负面情况，甚至还会导致退换货或投诉等不良后果。这些也是移动互联网口碑的重要组成部分。

论坛营销经典案例解析

■ 蔻驰：用论坛捕获了消费者的心

蔻驰是一家世界知名皮具品牌，他们十分注重移动互联网方面的营销。蔻驰不但在新浪论坛安家，而且还通过发布丰富的图片和文字信息，吸引了众多明星、名人、时尚达人的关注。

不仅如此，蔻驰还开通了天涯论坛、腾讯论坛，为用户送上了一波又一波的产品。论坛用户在浏览论坛时，可能开始没有购买的想法，但一旦选到适合自己的那一款包包，就有可能产生消费心理。

用户利用手机上论坛，随时随地看到蔻驰发来的各种各样的手袋的图片，有些是明星大牌喜欢的，有些是时尚达人推荐的。总之，蔻驰就是用这种方法捕获了消费者的心。

凭借高人气的论坛，蔻驰在年轻人心目中占据了很重要的位置。

蔻驰的论坛营销主要有三大技巧。

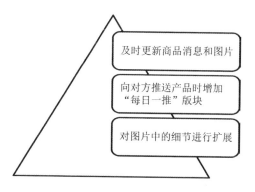

及时更新商品消息和图片

向对方推送产品时增加
"每日一推"版块

对图片中的细节进行扩展

及时更新商品消息和图片

论坛营销最不能忽略的一点就是及时更新商品消息和图片。如果你在推送消息中不能及时更新信息，不能跟上时尚节奏，那么就算你的产品再好、推送的内容再多，也不能留住用户的心。

在这个过程有一个小小的窍门，比如蔻驰在推送消息时，总是与欧美大牌明星结合在一起。比如某某明星最新的街拍拎什么手袋、某某服装发布会秀场某时尚达人提什么包等，这些都可以作为蔻驰推送消息的亮点和噱头。

事实证明，蔻驰这样推送产品图片以及信息，所取得的成果是十分显著的。蔻驰的很多粉丝关注的就是这些最新的时尚图片和信息，如此带来的连锁反应就是蔻驰的销量大幅上升。

所以，想要让产品信息进入客户心里，必须要注重这一点：不要让用户看到陈旧、落伍、过时的产品图片。

向对方推送产品时增加"每日一推"版块

在论坛营销中，如果你想让用户购买你推送的产品，就需要采用更多的技巧，比较好用的一招就是在向对方推送产品时增加"每日一推"版块，每天向用户推送一款特惠产品。

比如屈臣氏，在新浪论坛上，除了向用户推送各种各样的产品之外，还增加了"每日推荐"这个版块。在该版块中，屈臣氏向用户发来了推荐产品的信息和价格等，而且这些产品大都物美价廉，能在很大程度上吸引人们购买。

对图片中的细节进行扩展

商家在论坛营销时不仅要向对方发送自己的产品图片，还应该对图片中的细节进行扩展，要让用户感受到百分之百的完美细节。

很多用户利用移动互联网购买产品的前提就是要看到对方更详细、明晰的图片。只有这样，用户才能放心购买。

比如北京某租房网向用户推送产品图片时，就格外注重细节，该商家不但选择推送各种角度的住宅照片，而且还着重描述了各个细节，体现出住宅良好的品质。这就极大程度上满足了用户的需求，让用户更放心地租房。

■ 相宜本草：在论坛上策划活动提高品牌影响力

相宜本草是较早期的国产化妆品品牌，面对其他国产品牌的崛起，国产化妆品的竞争日益白热化，于是相宜本草在论坛上策划选秀活动，同步线上线下传播，提高品牌影响力。

2014年，相宜本草通过新浪论坛、腾讯论坛、天涯论坛、百度论坛等发起"寻找最美百合仙子"活动，采用网络投票、相宜本草评审团、淘宝评审团综合评选的方式进行打分。

2014年9月30日至10月31日，共吸引2705位MM通过自己的水润靓丽照片和水润秘诀参与到"最美百合仙子"的评选，选出105名最佳候选百合仙子，共有6.5万多名用户参与投票，超过100万人关注。

2014年10月，相宜本草天猫店铺销售815万元。

相宜本草的论坛营销主要有三大技巧。

线上全渠道预热	开展论坛活动	结合微博做互动营销

线上全渠道预热

选定与百合新品系列相符合的代言人宋佳来代言，设计百合新品专属的淘公仔进行发放，配合多个论坛平台，进行全渠道预热。

在论坛里，消费者可以在晒照片中上传原创照片来预热论坛活动，公布"寻找最美百合仙子"的活动规则。论坛分17期展示活动的精彩图集，同时公布中奖名单。

开展论坛活动

每周进行论坛活动，上传水润靓丽照并说出水润秘诀，分享照片至新浪论坛@相宜本草官方旗舰店，即可获得百合仙子淘公仔，邀请好友投票更有机会获得苹果5S、微单、miniPad大奖，并且转发好友，就有机会获得化妆品套装。

论坛活动第一波有139893转发、41538评论，第二波有195485转发、59334评论，有600万阅读人群。另外，借助意见领袖的作用，百位护肤达人热推百合套装，引发千位认证、万位达人用户参与，话题讨论685134次。

结合微博做互动营销

同步微博的有奖互动，推出妈妈秀、护肤秘籍分享的专题进行推送。通过活动微淘增加8796关注，10月访问量较之9月数倍增长，10月评论数也稳定增长，日评论数由0飙升最高至1096。为了达成更好的微淘活动效果，活动拿下了手机淘宝的首焦，获取更大的曝光，推出单条晒图赢奖品的微福利活动，关注增加800，互动增加1500，账号访问量增加1500。

第 **9** 章

大数据营销：定位客户

　　大数据营销是一个修辞学意义上的词汇。随着移动互联网的发展，越来越多的企业参与到大数据营销的竞争中来。大数据营销改变了IT领域、制造业、零售业、政府管理、科技的运行方式。在数据方面，"大"是一个快速发展的术语，且数据库、大数据已经成为移动互联网营销的中心，事实上可以称为一场革命，因此，可以说移动互联网是大数据营销的新世界。

什么是大数据营销

什么是大数据呢？

传统数据库软件工具能力不能够抓取、存储、管理和分析的数据群叫做大数据。大数据一词源于英文的"Big Data"一词，这个定义也有很强的主观色彩，因为没有统一的标准规定什么样规格的数据才是大数据。

知道了什么是大数据，那么什么是大数据营销呢？

大数据营销简单说就是一种新型营销方式。企业对收集起来的用户或消费者的信息进行分析筛选，然后对目标客户使用电子邮件、短信、电话等方式进行关系维护。大数据营销的目的是与顾客建立亲密的互动关系，并依靠庞大的顾客信息库进行长期促销活动，达到盈利的目的。

■ 大数据营销的作用

在营销体系中，大数据的作用到底有多大？在10年前人们根本就不会去思考这个问题，但随着大数据时代的到来，人们不得不倾力去探讨这个问题，因为大数据对营销的成功太重要了。具体来说，大数据营销的作用有以下几点。

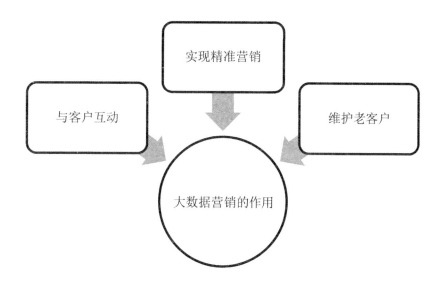

◎ 维护老客户。维护多少老客户是衡量线上、线下店铺是不是优质的唯一标准，而不是看他能吸引多少新客户。让老客户重复购买成了许多商家追求的目标。如何达到这一目的？首先要建立客户数据库，很多商家往往容易忽略这一点。

◎ 与客户维持互动。面对庞大的客户群，该如何有效维护成为一个问题，因为维护好客户关系才能让客户持续消费。大数据就是一个低成本的解决方法，特别是对于大型企业，效果尤其明显。

◎ 提高营销的精准度。但是如何提高营销的精准度呢？这就凸显了大数据的重要性了。如今很多人都在追求营销的精准性，因为只有这样才能提高转化率，降低营销成本。没有大数据做支持，很难做到真正的精准。

比如，经营一个网络商城，商城里什么产品都有，包括服装鞋帽、数码家电、儿童玩具等。然后有一天，商城新进了一款皮鞋，想针对老客户促销这款皮鞋，这时候该如何做呢？大部分人会选择给老客户群发邮件或是短信。问题是，这是一家综合商城，来这儿购物的人并不是都对皮鞋感兴趣。而且对皮鞋感兴趣的人中，对于款式、颜色、价位等需求又不尽相同。如果经常给用户群发这种邮件，势必会引起用户的反感。

而引入大数据营销后，这个问题就可以迎刃而解了，具体而言可以采用以下策略。

> 将所有的用户进行建档并归类，哪些用户是对服装感兴趣的、哪些用户是对手机感兴趣的、哪些用户是对皮鞋感兴趣的……这些都要记录下来。

> 同时还要记录下用户的自然特征及消费习惯。比如对于喜欢皮鞋的人，要记录下他们喜欢的颜色、款式、价位、品牌等。

> 有新品促销时，就可以从数据库中调出最可能对这款皮鞋感兴趣的人进行群发。

营销提醒

由于数据自身的复杂性，作为一个必然的结果，处理大数据营销的首选方法就是在并行计算的环境中进行大规模并行处理，这使得同时发生的并行摄取、并行数据装载和分析成为可能。实际上，大多数的大数据营销都是非结构化或者半结构化的，这需要用不同的技术和工具来处理和分析。

■ 大数据营销的特点

时代在进步，移动互联网也随之增强了实力，其存储的数据数量正在急剧增长，数据量大也是大数据营销的特征。除此以外，大数据营销还具备以下特征。

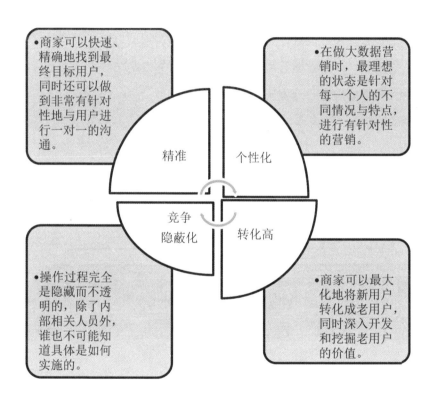

- 商家可以快速、精确地找到最终目标用户，同时还可以做到非常有针对性地与用户进行一对一的沟通。

- 在做大数据营销时，最理想的状态是针对每一个人的不同情况与特点，进行有针对性的营销。

精准　个性化

竞争
隐蔽化　转化高

- 操作过程完全是隐藏而不透明的，除了内部相关人员外，谁也不可能知道具体是如何实施的。

- 商家可以最大化地将新用户转化成老用户，同时深入开发和挖掘老用户的价值。

分析用户行为是大数据营销的根本

营销者想要谋取盈利，关键在于顾客，在普通的营销中以"顾客就是上帝"为核心，在大数据营销中，分析用户行为很是必要。

用大数据分析用户行为从两个方面进行。

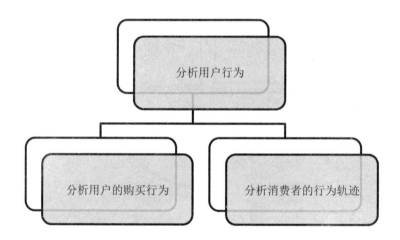

■ 分析用户的购买行为

要全面描述用户在购买阶段的行为，通常用购买的人物、购买的时间、购买的地点、买什么、购买的原因、买多少、如何购买来分析。

大数据营销通过结合用户的购买行为和时间维度要素，形成了用户行为分析的研究体系，这个体系细化了用户行为的研究内容。基于这些内容，就相当于有了用户调查问卷的一些基本问题。

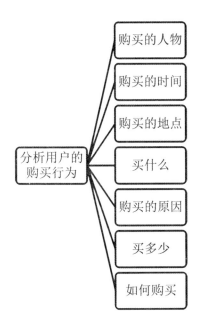

营销提醒

　　用户的行为特征是实现大数据营销商业价值的根本。因为通过用户的行为特征，基本上可以为某一类用户定性，这不仅仅是为了自身获取最大的商业利益，更重要的是要考虑到用户的实际情况。因为用户选择某一项消费，信任占很大一部分，信任的建立很困难，需要很长的时间，但信任的失去也许只是一瞬间，一个不小心的安全漏洞，就可能摧毁和用户之前长时间建立的信任关系。所以分析用户的行为特征不能只为自身考虑，用户的切身环境也要考虑到。

■ 分析消费者的行为轨迹

　　消费者的行为轨迹包括产生需求、商业信息搜集、方案比选、购买决策和购后行为5个阶段，其中购后行为包括使用习惯、使用体验、满意度、忠诚度等。

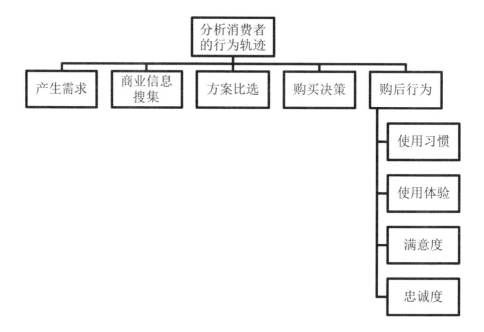

筛选重点客户是大数据营销的本质

一般企业面对的客户群可以说是非常庞大的，这些客户群中的每一个人虽然都是自己商品对应的客户，但是消费能力、购买能力等都有很大的区别。

例如，白酒有着广大的客户群，有的客户一周一瓶，有的可能是一天一瓶；有的人喝的是茅台，而有的人喝的是劲酒。因此对于这些消费水平参差不齐的客户，客户的筛选就是找对大数据营销最有利的那一部分客户。

从市场和企业自身的角度来看，企业可以利用以下四大因素来筛选客户。

▪ 客户需要什么

在市场多元化条件下，企业每个客户都有自己的需求，需求的个性化决定了每个客户会购买不同的商品。例如，有很多人在夏天喜欢喝加多宝，加多宝的销量一直很好，而这些喜欢喝加多宝的人就是加多宝的忠实客户。

▪ 分析客户的消费能力

在需求相同的情况下，消费能力通常决定客户的购买能力，资金富裕的人每出一款苹果手机就立即购买，而不怎么有钱的人直到手机用坏了才会想到换手机。所以不同人的消费能力的高低，决定了企业要筛选出能从中获利最多的大客户，这是每一个企业都不会放过的一类客户。

▪ 与企业资源相符合

由于企业的资源有限，所以筛选客户是很重要的环节，企业只有找出与自己资源匹配最高的客户资源，才能把大数据营销做成功。企业不可能做到想做什么行业就做什么行业，如生产电动车的企业想要开始生产汽车，无论是从资金上还是技术上都是大难题，而当企业在电动车领域已经占据了重要的市场份额时，再去涉足汽车产业又有什么意思呢？

企业不可能负荷这么多的技能，这会把企业压垮的。既然已经有一门出类拔萃的领域，就应该专攻下去，或者挖掘与之相关的产品，那样才能有效地运用好企业的有限资源。

■ 截长补短

每个企业都有各自的长处，如果想涉足自己不熟悉的产业去碰撞在该产业有着上百年发展历史的公司，那无疑是以卵击石。

例如，某公司是有着一百多年历史的高档汽车制造商，而一个刚成立十几年的汽车制造商也想要生产高档车与其竞争，就不太现实。那么为了生存的需要，就必须筛选出其他企业还没有影响到或者影响不是很深的产品，这些产品中才有自己最重要的目标客户。

营销提醒

在大数据营销竞争中，一定要做到"知己知彼，百战不殆"。以往，企业在公布产品之前，是不会让竞争对手知道产品的功能和制作方法等信息的，这些就像商业机密一样，其他企业想要获取是很困难的。

如何进行大数据营销

如何运用数据库，进行大数据营销呢？有如下4个步骤。

■ 第一步：建立数据库，收集数据

对于大型公司，建立数据库就比较复杂了，涉及到专业的CRM数据库系统。但是对于开网店的朋友，只要建一个统计表，然后再设置好要记录的内容就行了。

比如姓名、性别、年龄、职业等等。这个数据库涵盖的对象可以是现有客户，也可以是还未消费的潜在顾客。对于要求不高的商家，这一步就非常简单了。数据库建立起来后，就开始采集数据，完善数据库。

怎么采集数据呢？方法有如下几种。

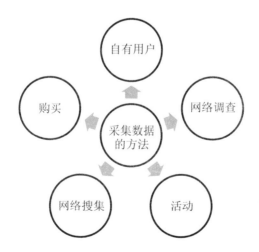

◎ 购买数据。这是最简便直接的方法。实际上，数据信息可能已经被倒卖了很多次，已经失去了精准营销的意义。

◎ 投放调查问卷。这种方法性价比比较高，也容易操作。

◎ 互联网信息搜索。很多论坛、QQ群、网络团体等都有很多公开的数据，提供会员通讯录下载、交换。这种方法非常省时、省力和省钱，许多商业公司惯用这种手法。

◎ 自有数据。对于网络论坛、社区等，已有的注册用户，就是第一批用户数据。对于网络商城、淘宝店来说，以前光顾过的顾客，就是最好的原始数据。

◎ 宣传活动。通过各种宣传活动获得用户数据也是一个非常不错的选择。线下活动方面，比如固定时间举办一次大型的宣传活动，每次活动都能得到不少非常有价值的行业用户数据。线上活动方面，如有奖问答、有奖征文、有奖投票、评选等也都是不错的形式。

注意，策划活动时，门槛越低越好，这样参与的人才会多。

■ 第二步：数据存储，分析处理数据

数据采集完毕后，就要把这些信息逐一录入电脑，建立消费者数据库。将数据录入数据库后，要根据不同的要求，整理为不同特点的数据库。

■ 第三步：发掘潜在顾客

有了数据库之后，在对现有数据进行统计分析的基础上，建立消费者模型，通过该模型，搜索出数据库中的顾客，这就是企业的潜在客户，将他们作为企业的营销重点。

■ 第四步: 运用大数据

最后, 就是根据这些大数据选择合适的营销手段了。比如, 在为客户发送优惠信息时, 结合数据库, 就可以知道这些优惠信息应该发放给哪些顾客能提高自己的营业额, 企业开发什么样的产品更加适合顾客。

营销提醒

基于大数据在营销中的重要性, 对于一些不具备运营和维护大型营销数据的商家来说, 可以选择将大数据的运营和维护外包给一些专业公司。所以, 在必要的情况下, 营销者可以选择一些大数据营销公司为合作伙伴, 从而较快地增加自身在大数据营销方面的能力。

大数据营销案例解析

随着移动互联网的发展，出现了很多新型的网络营销方式。大数据营销是现在相当普遍的营销方式。企业在做大数据营销时，只了解大数据营销的理论知识是不够的，而应该一边学习一边实践，多看看大数据营销的成功案例，从中学习，找到适合自己的营销方式。

■ 亚马逊：在实践中运用大数据

成立于1995年的亚马逊是全球最大的电子商务供应商。该公司最令人称奇之处在于，在成立之初，亚马逊一直处于亏损的状态，而且逐年严重。

数据显示，2000年亚马逊亏损了14.1亿美元。在成立之初的8年时间里，亚马逊一直处于这样的亏损状态。直到2003年，亚马逊才终于开始盈利。

亚马逊的"锦囊"就是它有一位伟大的领导者——贝索斯。贝索斯是一个眼光长远的人，尽管在成立初期，亚马逊经历了互联网泡沫的冲击、经历了投资机构的做空，贝索斯依旧不顾外界对公司的评价，我行我素。在贝索斯给公司股东的信件中，他总是强调"It's all about long term"。而亚马逊之后的辉煌也证明了这位领导者的犀利眼光。

仅仅2012年前三个季度，亚马逊的营业收入就达到了398亿美元之多，相比前期，涨幅非常大。亚马逊能够做到如此转变主要归功于它强大的推荐系统。

亚马逊的网店系统最强大的一点，就是能够让顾客发现自己的潜在需求。从顾客进入亚马逊的网上商店起，就不断地被这样的思想渗透。"人气组合""购买了此商品的用户还浏览了"等等栏目都是吸引顾客发现自己潜在需求的"钓钩"。

亚马逊将顾客在网站内的所有行为都通过系统记录下来，根据数据的特点进行分类处理，按照商品类别形成不同的推荐栏目。

例如，"今日推荐"就是根据当天顾客浏览的信息记录，推出一些点击率最高或者购买率最高的产品。而"新产品推荐"则是根据顾客搜索的内容为顾客提供了大量新产品的信息。"用户浏览商品推荐"，则是将顾客曾经浏览过的商品信息再一次推向顾客，让顾客考虑购买或者进行二次购买。

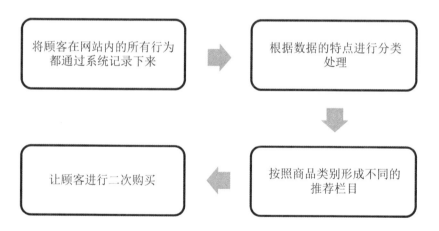

捆绑销售法也是亚马逊采用的有效方法之一。即利用数据挖掘技术分析顾客的购买行为，找到某件商品的购买者经常一起购买的其他商品，构成销售组合，进行捆绑销售。

他人购买或浏览过的商品栏目，则是通过社会化的机制，根据购买同类商品的顾客的喜好，为顾客提供更多的选择，使顾客更加方便地挑选。

亚马逊成功的另一个主要因素是，在给顾客做推荐的时候，亚马逊的顾客体验非常特别。亚马逊给出了大量的真实数据，让顾客在短时间内就对其产生了信任和忠诚。例如，购买了此产品的顾客还购买了某产品、你曾购买过某产品因此给你推荐类似的其他产品等等。

不得不提的是，亚马逊的推荐内容是根据真实数据分析计算出来的。每个用户的档案中都记录了该用户的所有购买和浏览行为。亚马逊的商品评价系统也从另一个方面归纳和反映了顾客对产品的偏好。亚马逊将这些数据做成顾客的档案，直截了当地告诉顾客亚马逊这些推荐举动的可靠和用心。

营销提醒

企业想要改善用户体验，就必须真正了解用户及其产品使用情况，而这些情况都可以通过大数据获悉。在大数据营销中能帮助企业了解产品售后信息，并在产品出问题时适时提醒用户。

■ 阿里巴巴：简单搞定大数据

提到大数据营销，很多商家花费了大部分的时间思考要去做什么的问题。但国内电子商务行业的龙头老大阿里巴巴却没有走这条"寻常路"，当阿里巴巴开始大数据营销的时候，他们想到的是"人"。

的确，首先要从"人"做起，才能让大数据营销落地。阿里巴巴的秘密就是简单又有效的三招。

◎ 第一招：找数据。企业要实现其经营目标，离不开数据分析，因此也就离不开能够胜任数据分析的数据分析师，这一类人最懂分析什么样的数据，如何分析。但是并不是去找一个专业理论非常丰富的数据分析师就可以高枕无忧了。

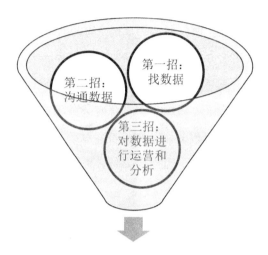

阿里巴巴大数据营销"三招"

很多数据分析师，在专业领域数一数二，但是空有一肚子的理论，缺乏商业意识。他们为企业分析数据的时候，不懂得究竟要运用哪些数据去分析，于是就成了"盲人"。这种数据分析师对企业是有害的，因为他们的分析结果对企业决策层没有任何的参考价值。

很多数据分析师仅仅把没有整理或者初步整理的不具代表性的数据直接交给了营销者，并且他们没有解释这些数据背后的含义、体现了什么用户什么样的行为、数据的横向和纵向比较有什么结论等等。这也是导致了很多营销者每天都因为要看一大堆零碎的数据而一直抱怨的原因。

营销者需要的数据分析师，要能够准确地把握市场的方向。没有任何一个营销者喜欢只有数据没有任何分析和结论的周报，这就要求数据分析师一定要有意识地和业务部门的人沟通，经常了解产品业务的情况。

第二招：沟通数据。这一招是三招里面最重要、最关键的。数据分析师能够从数据中看出业务的问题，或者根据业务来分析数据。

如果数据分析师和业务部门的员工经常联系、经常向他们了解情况，那么就会在看到数据之后，很快分析出数据背后的含义。

很多行业都非常重视数据分析及其结果，尤其是电子商务行业。随着互联网购物的普及，电子商务行业对数据的要求越来越高，也越来越依赖于数据。但遗憾的是，即使在电子商务如此发达的今天，也很少有电子商务企业能够在数据分析的环节上做到尽善尽美。

很多公司的专业人员在收集数据的时候，会发现数据非常混乱，并且不同的数据杂乱地分散在很多人员和主管手中，给分类和整理造成了很大的麻烦。并且，很难将这些非常凌乱的数据联系起来并分析出其中隐含的内容。

当然，必须承认的是，在数据运营的时候，会存在很多主客观的因素，影响数据和数据分析的精准度。数据本身是没有思想的，对数据的解读在某些程度上也会受到和产品相关的各个部门的人员偏好的影响，这样，数据就有了思想和针对性。分析这样的数据，就会有不同的结果。例如，市场部门和运营部门对"产品转化率"的理解有很大的不同，如果这样的分歧一直存在，那么企业进行数据分析，其结果的波动性就会很大。

不得不提的是，第二招有两个具体的场景。例如，面临一堆数据和一个特定的商业场景的时候，当能够准确地把握二者之间的关系时，就表示能够实现对二者之间存在的"数据中间层"进行准确地把握。

第三招：对数据进行运营和分析。用好第三招的主要内容就是能够通过对数据的分析得出这样几点结论：企业的业务是否正常，如何对数据进行优化来促进企业业务的优化，如何通过对数据的分析来找到有益于企业发展的方法，帮助企业创造新的商业价值。

这些问题之间看似存在明显的递进关系，但实际上却不是如此简单的逻辑关系就能够解释的。

对待这三个问题，要根据不同的场景来具体分析。不同的问题有不同的解决方法，要具体问题具体对待，做到对症卜药。以下就是几种能够解决不同问题的不同方法。

任何事物的发展都需要一个范围作为约束，数据也一样，需要一个具体的框架来具体分析企业的业务水平究竟如何。因此，给数据搭建框架非常重要，有了合适的框架，才能对数据进行更加准确的分析，也就能更加直观地分析企业业务的好坏。

数据的框架，就是一个标准，能够将数据在同样的层面下进行分解的标准。指标化分解是一种重要的分解方式，能够将混乱的数据整理出条理，并客观地分析企业的业务。

很多营销者，在评价自己的业务水平时，通常用到以下两套指标。第一套是企业用来计算其成交额的，公式为：成交额=流量×转化率×单价；另一套指标多用于企业对商品进行促销的时候，公式为：大概成交额=预热期加入购物车的商品数×商品单价×经验转化率×经验成交额占比。前者是用来评价企业的某一类商品或单个商品的健康度的，后者则是在企业促销的前提下，用来预测大概成交额的。

在阿里巴巴流传着这样一句话："让信用变成财富"。的确，阿里巴巴也在践行这句话。阿里巴巴所有运营程序的核心就是通过数据来计算客户的信用水平，并且通过对客户信用的评估来为客户进行授信。一系列流程之后，通过审核的顾客就会获取他所需要的资金。正是这样一个良好的信用模式，使得阿里巴巴越来越成功，旗下的产品也越来越多，深受顾客的喜爱。

营销提醒

除了对数据框架的构造之外，能够使数据分析锦上添花的一个方式就是好的展现形式。常见的数据分析展现形式就是表格和图形。但是这两种展现形式在某些特定的情境下是不可以互换的，否则会造成分析结果的不直观和偏颇。那么如何选择合适的数据展现形式呢？有几种便捷的选择原则：当需要对精确的数据有展现的时候，应该用表格，此时用图就显得非常不合适。好的数据展现形式有利于决策者根据数据做出更加合理的决策。

第10章

微视频营销：靠内容取胜

对于营销者来说，微视频营销是一种既具备艺术性又能起到商业宣传效果的优秀营销渠道。而且微视频营销是靠内容取胜，能够将营销的品牌文化、企业产品巧妙地融合到视频之中，能够使观众在观影的过程中，加深对产品的了解以及对企业的认识。

什么是微视频营销

自2011年以来，微视频在中国市场出现了井喷式的增长，而且随着微博、微信等社交平台的盛行，微视频也彻底解决了以往缺乏有效传播渠道的难题，迅速走入了人们的生活中。

如今，微视频已经成为了下至草根民众、上至明星大腕都可以参与的全民视频娱乐方式。这也让微视频的影响力一跃而能与微博、微信并驾齐驱。

与此同时，伴随着微视频的盛行，微视频营销这种让人耳目一新的营销方式也逐渐受到了人们的关注。桔子酒店仅用了一百万元的投资就让其酒店入住率提高了100%，由此可见微视频营销的能量。

那么，到底什么是微视频营销呢？

宣传者借助数码终端将产品宣传现场即时情况和企业宣传视频信号传送至互联网。企业将各种短视频以多种形式放到网络上，达到一定宣传目的的营销方法叫做微视频营销。

互联网视频广告的形式与电视视频广告相似，不同的是，播放平台换成了互联网。这种"视频"与"互联网"相结合的新型营销模式兼具了两者的长处。

那么，微视频营销究竟为何会如此受欢迎，而它又究竟能给企业带来多大的帮助呢？下面，就来对微视频的特点与优势进行总结与分析。

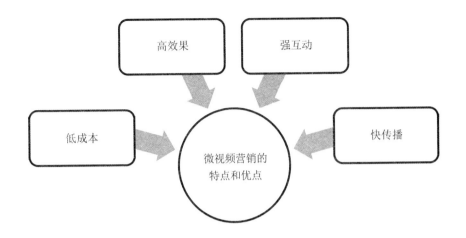

■ 低成本

比起在电视上投放广告，在知名电影电视剧中进行产品植入所产生的天价费用，微视频的制作费用可以说是十分之低，而且那些受欢迎的微视频往往具备精彩的情节或者强大的感染力，能够有效地引起观众情感的共鸣。

正是这些共鸣，可以有效地让观众自主自发地去为这部微视频进行宣传和推广，因此，商家又会省去一大笔宣传推广的费用。

除了拍摄成本，微视频营销几乎不需要其他投入。宣传平台是免费的、上传网站是免费的、观众评论同样是免费的。

例如，优酷自制系列微视频《万万没想到》，就是一个个时长仅四五分钟的无厘头搞笑短片，制作时间不超过三个月，投入不超过一百万元，但是却获得了数以亿计的点击量。这种低投入、高回报的营销渠道，又怎能不打动人心呢？

■ 高效果

随着广告业的逐渐发展，人们早已经对那些每天重复播放的广告产生了反感心理。无论是在电视剧正片的片头或是片尾的广告，还是片中插入的广告，都会引起用户的反感。

无论在内容上还是在形式上，微视频作为一种新兴的营销方式，给观众带来极大的新鲜感。一部优秀的微视频，能够在给客户带来愉悦的观影感受的同时，往往还能让用户对片中宣传的商品有深刻的印象。

■ 强互动

作为一种新兴营销模式，微视频具备互动性。一般来说，一部微视频上线，用户在观看之后可以通过评论、分享与转发，来参与到微视频营销活动中，而这些操作通过大数据，可以更直观地让营销者看到营销的效果，而且通过用户的评论，能够有效地分析出这些潜在用户群的职业、年龄、访问习惯、兴趣偏好等相关数据。

除此之外，微视频营销的广告效果在这种互动性中也可以进一步加强。

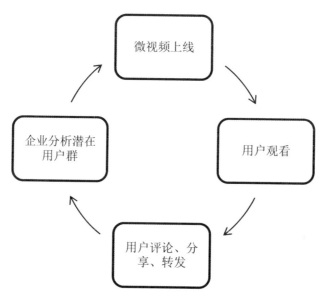

■ 快传播

一次广告的投放效果，往往取决于传播的渠道是否够快效。而微视频在结合其他营销渠道后，就能十分迅速地引起二次宣传与口碑，最终产生病毒式营销的效果，让大众在短期内就熟知这部微视频。

而在传统的广告渠道要想产生这种效果，就要连续投放广告，经过洗脑式的轰炸，才能使该广告被人们记住。一种是主动传播，一种是被动接受，这两种传播渠道哪个更高效，自是不必多说。

而除此之外，微视频的投放方式也是十分灵活的。除了PC端，移动端的播放渠道更是多种多样，它可以随时随地投放给目标人群，不受时间与空间的限制。人们在火车上、地铁上，甚至厕所中，都可以随时随地观看微视频。

总而言之，只要是目前的主流视频播放渠道，都可以看到微视频的身影。这一点是电视广告无法做到的。

营销提醒

相对于普通的电视广告以及视频广告来说，微视频营销无疑更加灵活，而且效果更好。广告界有句话，就是"最好的广告能够让观众像看视频"，微视频的出现，无疑是达到了这一效果。现如今，国内许多大型企业都在拍摄微视频。不可否认，微视频如今已经成为了一种潮流和时尚，因为它独特的魅力与营销价值可以帮助我们征服许多消费者。

如何制作一个"诱人"的微视频

在微视频营销中，要想达到好的营销效果，首先就要制作出一个"诱人"的微视频。那么如何做到这一点呢？下面总结了制作微视频进行营销的四个关键。

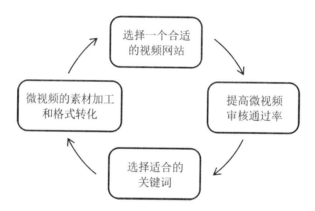

■ 选择一个合适的视频网站

选择一家好的视频网站对做微视频营销非常重要，因为这不仅仅涉及到你的产品营销，而且涉及到视频上传的审核。大多数人认为只要把视频上传就大功告成了，然而并不是，各个网站对视频审核的严格程度也是需要考虑的。网站不同，审核标准自然不一样。

土豆网和56网是对上传的视频审核标准比较宽松的，过审率最高。只要视频的主题不要过分广告化或是有政治性问题，过审还是很容易的。

优酷网相对56网和土豆网来说，过审率稍低一些。优酷的过审率在百分之九十左右，也就是说如果上传10个视频的话，9个都能过审。优酷也值得选择。

一些比较官方的网站，比如新浪、搜狐、PPS，通过率低，一些广告视频很难通过。

酷六虽说是大众媒体网站，但是通过率也很低，和新浪之类处于一个水平线上。所以，优酷网、土豆网是比较推荐大家选择的。

■ 提升微视频审核通过率

不管怎样，视频还是有不过审的可能性，在这里，告诉大家三个技巧，如下图所示。

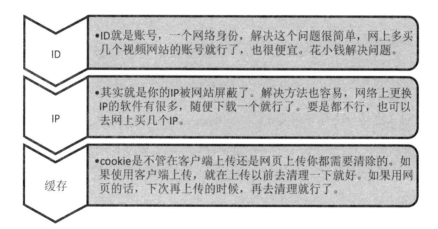

ID
•ID就是账号，一个网络身份，解决这个问题很简单，网上多买几个视频网站的账号就行了，也很便宜。花小钱解决问题。

IP
•其实就是你的IP被网站屏蔽了。解决方法也容易，网络上更换IP的软件有很多，随便下载一个就行了。要是都不行，也可以去网上买几个IP。

缓存
•cookie是不管在客户端上传还是网页上传你都需要清除的。如果使用客户端上传，就在上传以前去清理一下就好。如果用网页的话，下次再上传的时候，再去清理就行了。

■ 选择适合的关键词

微视频营销想要效果好，必须关注关键词，这也是营销重点。关键词问题是必须要重视的，也是必不可少的一个技能，因为关键词找好了，流量也就搞定了，流量问题解决了，收入也就提高了。

大部分人都觉得定位目标关键词就行了，其实真正需要去研究的是长尾关键词。可能表面上搜索量不如目标关键词，但是也不要小看长尾关键词，因为长尾关键词的转化率要远远高于目标关键词，而且长尾关键词具有可延伸性，针对性强，范围广。

比如产品是面膜。但是定位关键词为"面膜"的话，就不精准。因为百度"面膜"的，不仅仅是要买面膜的人，也有非常大部分的人是搜索如何使用面膜教程、护肤攻略等。他们并不需要买面膜，这样你花大价钱做推广，但是收支不平衡。因为网站带来的流量不是有效的，不精准，所以会出现这个情况。

但是如果去做如"哪里有卖正品××护肤面膜"或者是"哪个淘宝店的××面膜是正品"就会好很多。

■ 微视频的素材加工和格式转化

微视频的素材可以根据产品的具体特点去录制或是用网上和产品相符合的素材编制都可以。像超级转换秀、影音转霸编辑加工、添加字幕等，可以批量添加。

具体的如果涉及到微视频的编辑软件，威力导演比较合适。转化格式的方面，用QQ影音就行了，可以批量转化，格式就用高清的H264 AVI。

为什么要做成高清的？因为这个涉及到微视频的排名。因为视频网站的排名一般遵循的是以下几种情况。

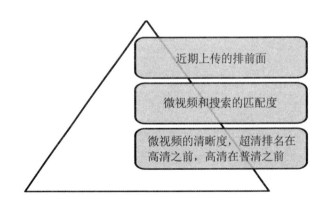

近期上传的排前面

微视频和搜索的匹配度

微视频的清晰度，超清排名在高清之前，高清在普清之前

微视频营销的5大操作步骤

如今的微视频营销难度大于早几年，硬广告微视频营销，已经不适合在视频网站上传播了。下面是最新微视频营销的五大操作步骤。

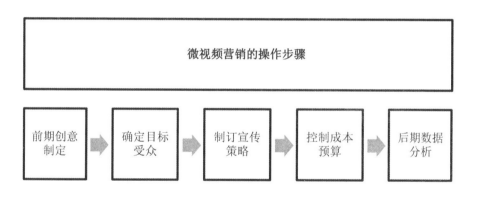

■ 前期创意制定

想要打造一部备受欢迎的微视频，首先，就要组建一个专业的团队，并且明确播放微视频的目的是什么。

在开始制作之前，要进行市场调研，寻找到一个关键的切入点，看看哪些是市场上最受欢迎的话题，然后再将这些话题与自身的产品或者文化相结合，请专业的编剧来整理剧本，然后再着手开始拍摄。

简单来说，前期微视频创意搜寻分四个步骤。

■ 确定目标受众

目标消费者群是什么？在拍摄微视频时，一定要搞清楚目标受众。因为不同的受众往往喜欢不同的元素，就像80后更喜欢《老男孩》，而90后更喜欢《万万没想到》一样，如果商家的客户群是80后，就一定不要给他们70后甚至60后喜欢的元素，同理，反之也是这样。

■ 制订宣传策略

微视频拍摄完毕之后，并非是只要放到视频网站上就可以了，还要辅以一定的宣传策略。比如邀请微博大V转发，微信平台推送，举行有奖转发活动等。

除此之外，营销者还要做好危机公关以及用户互动，及时监测市场舆论动态，力争达到最佳的营销效果。

■ 控制成本预算

在微视频的制作中，一定会有制片人。而制片人最主要的职责就是控制成本。虽然微视频具备成本低的特色，但是同样需要做好成本预算，具体预算如导演费、器材租赁费、编剧稿酬、演员片酬、场景租赁费等，只有做好预算，才不会出现后期无资金支持，无法进行下去的尴尬情形。

■ 后期数据分析

在微视频上线之后，营销者要及时抓取各大网站和平台的数据，通过数据分析微视频所达到的效果以及最终转化率，并且以此为标准，决定是否进行后续活动。

如果拍摄完微视频后，对其不管不顾、不闻不问，那么拍摄这个微视频又有什么意义呢？

以上，就是总结出的拍摄微视频五个操作步骤。当然，这几个操作步骤只是简单地针对微视频的营销活动，真正的微视频拍摄中的专业问题，还需要营销者聘请专业的导演或者制作公司来解决。

一学就会的微视频营销技巧

大道至简，任何复杂的营销技巧，都不是我们所追求的目的，微视频营销也一样，下面总结出来的微视频营销技巧只需简单操作、一学就会，是企业进行微视频营销的绝佳选择。

■ 了解微视频平台属性

每个微视频平台都有自身独特的特点，这些特殊属性就要求营销人员在制作视频和发起营销活动时充分考虑到。

微视频平台属性对比表						
	V	📷	👻	🎥	◉	🐟
可拍时长	6秒	15秒	10秒	10秒	8秒	8秒
特效滤镜	无	13种滤镜	无	11种滤镜	13种滤镜	无
分段拍摄	可以	可以	无	可以	可以	无
视频剪辑	无	可以	无	可以	无	无
水印贴图	可以	无	无	无	无	无
音效	可以	无	无	可以	无	无
循环播放	可以	可以	无	可以	可以	可以

美拍有众多的女性用户，滤镜和模版等功能非常强大，所以简易美妆产品的推广比较适合这个平台，其可以反复拼接、剪辑，甚至自由搭配高质量背景音乐的特性，适合较有表现力的内容传达。

Snapchat更适合将25岁以下年轻人视为目标受众。利用其阅后即焚的特性，品牌可以选择在该平台上发布限时减免、节日优惠活动等吸引人眼球的微视频。

Instagram的视频时长是15秒，电视广告的标准时长也是15秒，这样可以比较完整地展示品牌故事和产品概念。

Vine6秒的时长虽然很短，但是拥有Instagram短视频所不具有的支持网页嵌入代码的特点，所以更有利于在公司网站、博客和其他社交网络等平台推广和转发。

因此，企业在挑选视频平台时不应该盲目跟风，而应该从自身的品牌特点、目标客户和营销目标出发，选择适合自己的视频平台。

■ 将产品、功能属性融入创意

微视频有限的时间，要求视频在信息传递上要简单明了。比如在Vine上，你只有6秒钟的时间吸引观众的注意力，每一秒钟对于品牌来说都至关重要。这就要求微视频内容表现出创新性和独特性。

在剧本选题方面，产品的特点和功能属性也可以融入创作中，并结合当下的流行趋势和热点，翻拍一些广为人知的影视作品。

比如索尼在宣传自己的相机和智能手机的时候，就模仿著名电影《盗梦空间》的桥段，通过画中画的形式给观众产生一种思维漩涡的错觉，把相机和手机的特点融入到了桥段里，而Vine的循环播放能给人带来一种梦幻般的科技感，非常炫酷。

■ 避免在微视频中硬性推广产品

企业要避免在微视频中硬性推广产品。但是将自己品牌的历史、价值观或者使命融入到微视频中，也能起到宣传作用。

■ 使用标签

想要影响目标用户、提高品牌在社交媒体上的曝光率，延长微营销周期，给视频加上标签不失为一种好方法。标签的使用能为品牌带来更多的关注。

使用标签对于品牌在Instagram上的传播尤为重要，因为在Instagram上只能搜到带有#字标签的内容，如果不使用标签，就会让你的微视频淹没在茫茫的信息之海。

商家或产品名称也可以加在标签里。或者结合当下热点和微视频营销主题，打上"#"，利用话题功能吸引网友关注，提升品牌热度，也有利于与粉丝互动。

■ 定期发布微视频

在一段时间的试验和使用传播效果评估工具之后，就会很透彻地了解这些信息了：

◎ 哪些内容最受欢迎，哪些内容最不受欢迎；

◎ 最好用的滤镜是哪些；

◎ 最佳时间发布时间是什么时候。

在此基础上调整宣传策略，定期发布受粉丝欢迎的微视频并且固定为常规节目。

2016年被视为微视频营销年。但是，商家必须要注意的一点是，不要本末倒置。无论哪种新兴移动互联网营销名声大噪，营销的初衷和本质是不会变的，就是说清楚品牌是什么，存在的目的和意义是什么，其价值在哪里。或许随着发展趋势，各个渠道方式的传播效率和最终到达率有所不同，但是根本目的都是向大众传递清楚这些概念。

在此基础上，才是思考通过什么渠道和平台推送给目标客户，让目标受众产生兴趣，并有针对性地制作和推广内容。

如何用微视频快速地获得粉丝

现在有很多做自媒体的个人和企业，虽然我们不做视频自媒体，但是借助视频自媒体增长大量粉丝是很有效的方法，获得粉丝不仅仅是在微视频下面留评论，如何在微视频里加微信号、QQ号、QQ群等，才是要说的增加粉丝的方法。

下面就给大家介绍这个方法。方法很重要，没有方法就是乱撞，但知道方法后还需要执行，这就产生了差距。

四步让你用微视频快速长效地获得粉丝的方法。

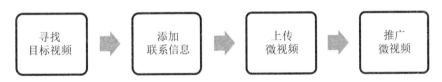

■ 第一步：寻找目标视频

首先要在视频网站收集受目标群体喜欢的微视频，粉丝的精准程度直接受此影响。大众化、接受度较高的微视频是比较好的选择，这样可以省去不少步骤。

大多视频网站可以直接查看微视频点击量，很多视频网站甚至可以进一步查看播放该微视频用户的人群分布、地域分布等，这对进一步筛选微视频也很有帮助。

另外，视频网站都是有排行榜的，根据排行榜选择微视频也能节省不少时间。把这些微视频下载下来就完成了第一步。

■ 第二步：添加联系信息

在下载下来的微视频里加上你的微信号、QQ号等，有兴趣的粉丝就能添加了。这个步骤听起来很复杂，其实也不难，就是借助一些微视频制作软件完成，网上有很多，就是把文字加在微视频里的软件。

另外，如果字幕的内容较多，可以把内容分解，在不同的时间段显示不同的内容就行了。不过加太多信息也不合适，每个信息出现时间太长也不合适，谁都想自己的信息多曝光，那直接设置一个文字内容，然后让其一直显示到微视频结束，这样是不行的，这样视频上传不容易过审，一般出现1次就行了。

联系信息何时出现、在哪出现，也是有方法的，建议最好快速地把微视频看一遍，然后再思考把信息放在何处转化率最高。

■ 第三步：上传微视频

等加入信息的微视频制作好后，最后就是上传到一些视频网站上了。为了防止上传失败，可以多申请一些账号，多尝试几次。

另外，如果一些点击量大的视频网站上传失败，也不要浪费，可以上传到一些小视频网站上，然后把微视频地址链接到自己的微信、QQ空间、微博等。

■ 第四步：推广微视频

等微视频上传成功后，借着视频网站的超大用户流量，基本上就是一劳永逸、快速长效地获得粉丝了。不过如果想效果更好，可以继续进行推广，比如在论坛、微信微博、QQ群、QQ空间、贴吧、邮箱、网盘等等，在流量大的平台截流即可。

微视频营销案例解析

■ 桔子酒店：微视频营销里的病毒营销手段

2011年，桔子酒店制定了一套与爱情、星座、浪漫有关的剧本，在拍摄的过程中，主要以桔子酒店内部为拍摄场景，有效地表现了酒店的场景设施、周边环境、内部条件等。

在微视频拍摄结束后，主要以"桔子水晶"的新浪账号为微视频首发阵地，并且在每一集的末尾对下一集进行预告，极大地调动了观众的兴趣与参与性。

随着前几集的播出，桔子酒店的微视频很快就吸引了微博用户们的关注。而且，随着人气的逐渐增高，奔驰汽车、珂兰钻石、漫步者音箱、麦包包、拉菲红酒等诸多品牌也都纷纷要求参与微视频的拍摄。这些商家不仅免费提供活动奖品以及拍摄道具，还帮助桔子酒店进行宣传推广。

就这样，以星座男为主角的十二星座爱情微视频陆续拍摄完成，并全部上线。

"桔子水晶"的十二星座微视频营销非常成功。而这次营销也完美地达到了制作这一系列视频的初衷："让不知道桔子酒店的人知道，让知道的人自豪！"

而且，让桔子酒店完全没有预料到的是，这次微视频宣传让桔子酒店的入住率达到100%的提升。这可以说是意外惊喜，因为这次营销活动仅仅投入了一百万元，但其带来的价值，却远远超过了这个数字。

其实，桔子酒店的营销方式就是一个很好地将微视频营销和微博营销融合在一起的全微营销。在此基础上，策划人还在这个微视频营销中融入了病毒式营销的特质。

所谓"病毒式网络营销"，就是通过用户的口碑宣传网络，让商家的宣传信息像病毒一样快速传播，利用快速复制的方式传向成千上万的消费者。也就是说，通过提供有价值的产品或服务，"让消费者告诉消费者"；通过消费者之间的互相宣传，实现"营销杠杆"的作用。

下面，我们就来了解一下桔子酒店微视频营销中用到的病毒营销手段。

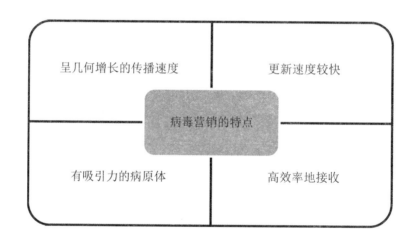

◎ 传播速度呈几何增长。自发地、通过扩张性的信息推广是病毒式营销的特点，呈现出一种"多对多"的传播形态，它并不是均衡地、同时地传播给每一个人，而是通过一传十、十传百的传播方式把产品信息传递给目标群体。

比方说，一个人收到了一条很有趣的动画，于是，他第一时间就将这条动画转发给自己周围的朋友，而他的朋友再转发给自己的朋友，最终形成了一波转发大军，构成了呈几何倍数增长的传播。

◎ 较快的更新速度。网络产品的生命周期比较特殊，来得快、去得也快。而病毒式营销的传播过程通常呈S形，开始时传播速度较慢。当扩大到一定的受众时开始飞速增长，在接近饱和时便开始缓慢下来。

针对病毒式营销传播力的减退，营销人员一定要在受众对信息产生疲倦之前，将传播力转换为购买力，这样才能达到最佳的营销效果。

◎ 有吸引力的病原体。天下没有免费的午餐，任何信息的传播都要为使用渠道买单，病毒营销也是如此。虽然它利用了目标消费者的参与热情，目标消费者受商家信息刺激而自愿参与到后续的传播过程当中，但是渠道使用的推广成本依然存在，而之前应由商家承担的广告成本则被转嫁到了消费者身上。因此，对于商家而言，病毒式营销成本是很低的。

◎ 接收效率高。很多人在看到电视广告时就会毫不犹豫地转台，因为他们从心底反感插播的电视广告。所以，他们根本不会了解广告的内容，这样一来，就大大减少了广告受众的接受效率。而那些可爱、新奇、好玩的"病毒"，大都是受众从自己熟悉的人那里接手或者是自己主动搜索得来的。

所以，他们在接受的过程中自然会有一种积极的心态，而这种接受渠道也比较"私人化"，比如手机短信、私人邮箱、封闭论坛等。

以上几方面的优势使得病毒营销克服了广告信息传播接收效率低的弊端，增强了传播的效果与效率。

一个优秀的病毒营销战略需要具备五个基本要素。一次成功的病毒营销虽然不一定要包含所有的要素，但是，包含的要素越多，营销的效果就会越好。

我们以桔子酒店为例，看一下其营销过程中是否包含着这五个要素。

这五个基本要素分别为：

善于利用他人的资源——桔子酒店借助其他品牌提供的奖品。

利用消费者的积极行为——转发有奖以及消费者自身对星座和爱情的兴趣。

为消费者提供有价值的产品或服务——桔子酒店提供的是差旅住宿服务。

为消费者提供一种简单方便的传播信息渠道——新浪微博转发，轻轻一点即可。

利用已有的通信网络——桔子酒店借助的是新浪微博。

不难发现，桔子酒店的这次微视频病毒营销包含了以上五大基本要素的全部要素。而我们作为营销者，在未来的微视频营销中，如果想要利用病毒营销这一手段，不妨学习一下桔子酒店，并且对比查看一下自身的营销计划是否具备这五个基本要素，要做到拾漏补缺，充分准备。

■ 百事：为贺岁以微视频打出亲情营销

2011年年末，在距离春节不到一个月的时间，一部长达10分钟的微视频《把乐带回家》在网络上疯传开来，游子几经周折回家过年的情节感动亿万人。而"回家"是在外奋斗的年轻人春节时最大的心愿。

这是百事公司为贺岁打出的亲情营销，通过集结多位明星制作出长达9分48秒的2012贺岁亲情微视频《把乐带回家》，并携手优酷共同推出"回家季"，设立"回家基金"帮助实现回家梦，以此打响贺岁营销战，拉动百事系列产品的品牌影响力。

《把乐带回家》百事微视频短片感动了千万人，画面感人，催人泪下。这部短片讲述了在外奔波的杂志主编周迅、摄影师张韶涵、歌星罗志祥，因为工作不打算回家过年，但在古天乐的帮助下，最后决定回家陪父亲张国立过年的温馨故事。

　　值得关注的是，参与演出的演员均是百事可乐、乐事和纯果乐的代言人。

　　《把乐带回家》除了内容新颖以外，在视频传播上也有创新之举。在短片上映初期，除了在各大视频网站上作推荐以外，包括公交车站台和地铁墙体在内的大众媒体，百事公司也作了广告投放。通过预告片的形式，激发人们网络检索并引导人们到网络视频网站上观看完整版，扩大网络影响力。

　　《把乐带回家》有效承载了百事品牌中的"乐"文化，并集合了旗下三大子品牌：百事可乐、乐事薯片、纯果乐，作了一次各大子品牌集体宣传。并将《把乐带回家》的品牌主张中的"乐"赋予三层含义：情节中张国立带古天乐回家，三个孩子回家使父亲快乐，以及三个产品中都有"乐"字。这些子品牌随着剧情的深入而一一展现，深入消费者心里。

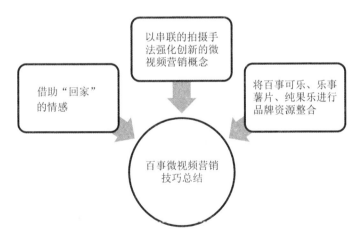

　　同时，这部微视频的拍摄和宣传也正契合了百事高层提出的"PO1"概念，即Power of one。统一的力量，将旗下的几个品牌整合在一起的宣传攻势，更是发挥了整体效果，一个商业广告被人们看成了一部亲情纪录片。

　　百事为了能攻破人们最后的情感防线，除了感人肺腑的短片，同时携手优酷共同推出"回家季"专题。在网络平台征集网友们的回家心愿，上传心愿视频和心愿贺卡。为激励网友们的热情参与，百事还设立了"回家基金"去帮助实现100个最感人的回家愿望，希望鼓励和启发更多人春节回家。

百事公司这部《把乐带回家》微视频的亮点除了内容和阵容上的强势，采用全新的创意，以串联的拍摄手法强化创新的整合营销概念也是成功的关键。

百事将旗下百事可乐、乐事薯片、纯果乐三个品牌资源整合，通过广告视频中人物、场景、故事的串联，以及传统结合现代的杰出创意，让三大品牌合二为一、携手并肩，有效地扩大了广告冲击力，产生"1+1>2"的宣传效果。

如果创新整合是特质，那么采用时下最流行的微视频则是形式。微视频是专门运用在各种新媒体平台上播放的，适合在移动状态和短时休闲状态下观看的，具有完整策划和系统制作体系支持的，具有完整故事情节的视频短片。

随着移动互联网和智能手机的普及，让人们随时随地观看视频成为了可能，并且基于可分享的传播优势，微视频的形式为这部片子的传播提供了可裂变的条件。

事实证明，以微视频作为表现形式能够彰显出意想不到的威力。据统计，《把乐带回家》微视频在优酷网播出几天后就引来了几百万网民的观看。

截至2013年年底，这部时长9分多钟的微视频已经播放达3900万次，近4000条评论。